Medardo Ángel Silva

EL ÁRBOL DEL BIEN Y DEL MAL

POESÍAS ESCOGIDAS
(selección de Gonzalo Zaldumbide)

TROMPETAS DE ORO
(selección)

Introducción de Hernán Rodríguez Castelo

ARIEL

CLÁSICOS
ECUATORIANOS

Título original:
*El árbol del bien y del mal
y otros poemas*
Medardo Ángel Silva

Texto original:
© 1971-1973 • **ARIEL** • **CLÁSICOS ARIEL** •

Segunda edición © 2019 • **ARIEL** • **CLÁSICOS ECUATORIA-
NOS** •
Calle Nueva Ventura N58-102 y Juan Molineros
Telf: 328 4494 / 328 1868
e-mail: editorial@radmandi.com
www.radmandi.com
Quito - Ecuador

Coordinación general: Lucas Marcelo Tayupanta
Dirección del proyecto: Jonathan Tayupanta Cárdenas
Diseño y diagramación: Andrés Felipe Rodríguez
Ilustración de portada: Nelson Jácome

ISBN: 978-9978-18-379-3

ARIEL

CLÁSICOS ECUATORIANOS

CONSEJO EDITORIAL DE HONOR

PUBLICACIONES EDUCATIVAS ARIEL rinde homenaje a la Cultura Nacional con lo que creemos, sinceramente, constituye el mayor esfuerzo editorial ecuatoriano de todos los tiempos: la Biblioteca de Autores Ecuatorianos de Clásicos Ariel.

Cien libros cuidadosamente seleccionados, bajo la asesoría invalorable de nuestro Consejo Editorial de Honor, a cuyos miembros reiteramos nuestra imponderable gratitud, dan la visión más completa de la Cultura Ecuatoriana, desde la Colonia hasta nuestros días.

Esta biblioteca viene a responder a la necesidad imperiosa del pueblo ecuatoriano de poder conocer las grandes obras de sus mejores autores.

MEDARDO ÁNGEL SILVA Y SU PARTIDA EN LA VIGILIA DEL ALBA

Hernán Rodríguez Castelo

1910-1913 son años de relevo generacional en la poesía ecuatoriana. Un nuevo sistema de vigencias, una nueva sensibilidad poética, una nueva concepción del oficio y quehacer mismo del poeta comenzarían a imponerse en nuestras letras.

Ya antes de 1910 «se dejaban oír aisladamente voces nuevas que traducían nuevos ritmos» —ha recordado J. A. Falconí Villgómez[1], y J. J. Pino de Icaza habla, en el erudito estudio que dedicara a Medardo A. Silva, de dos «generaciones» «modernistas» (las primeras comillas son nuestras; las segundas, de Pino), la de 1913 y la de 1918.[2] (El porqué de nuestras comillas es simple: cinco años parecen muy pocos para hablar de «generaciones»)—; más adelante, el propio Pino se refiere a «toda esa juventud literaria que se produjo entre 1913 y 1920»[3], y, con más justeza, a «la generación modernista», en sus brotes de 1915 y 1920.[4]

Primeros anuncios en las «Páginas Literarias» de *El Guante* y en *Altos Relieves*, que por 1906 dirigiera Aurelio Falconí con Luis F. Veloz y Julio E. Rueda; certera promoción de la novedad en *Letras*, la revista que en 1912 fundara Isaac J. Barrera, en Quito, y en *El Telégrafo Literario*, 1913, donde rompían lanzas por los nuevos modos poéticos J. A. Falconí Villagómez, Manuel Eduardo Castillo y Miguel Granado y Guarnizo, y disfrute plenario en *La Idea*, ya por 1917, que dio cauce a la palabra poética de Jorge Carrera Andrade, Gonzalo Escudero, Augusto Arias, Luis Aníbal Sánchez y Gonzalo Pozo. (Para que *Caricatura* anunciara, hacia 1918, el declinar de toda aquella fiebre al grito de «abajo los morfinómanos»).

Fenómeno inocultable este agitarse profundo de las aguas de la poesía ecuatoriana al tiempo que Europa veía deshacerse su *Belle Époque* entre las ruinas de una guerra sin precedentes y en nuestra patria lo heroico y promisorio de la Revolución liberal se remansaba en las playas turbias de una oligarquía bancaria asfixiante. Irrumpía, con irrumpir en muchos casos precoz, la generación poética más poderosa de la literatura ecuatoriana de este siglo, y su primer escuadrón sucumbía en el asalto.

A uno de los más grandes poetas de esa hora, a uno de los que cayeron para abrir los nuevos caminos, dedica la Biblioteca de Autores Ecuatorianos de Clásicos Ariel el presente volumen, y ha dedicado otros a otras figuras de generación tan claramente decisiva y creadora.

El oleaje generacional

En aquellos años de la primera guerra se abría un nuevo capítulo en la poesía ecuatoriana del período republicano. A la solitaria y fulgurante aparición del cantor de Bolívar y Flores había seguido una primera generación, nacida bajo el signo del romanticismo, pero desertora de las fiebres románticas juveniles, para volverse al neoclasicismo olmediano.

En la segunda promoción generacional romántica —los nacidos entre 1845 y 1860—, se había destacado de modo muy especial un grupo de poetas que en la misma geografía cuencana y clima espiritual tierno y devoto había hecho poesía mariana y una suerte de romanticismo rural bucólico y sentimental que había alcanzado su cúspide, ya muy entrado el siglo XX con la *Leyenda de Hernán* de Crespo Toral.

Con las dos promociones se había cerrado nuestro asendereado y, en buena parte, frustrado romanticismo.

(Excepción importante a este movimiento generacional —el método generacional contempla casos de excepción: el rebelde, el retrasado, el frustrado— es Roberto Espinosa (1842), traductor de Heine y catalizador del becquerianismo ecuatoriano al introducir lieder, doloras y rimas).

Había seguido a nuestra generación romántica una de transición. Posromántica premodernista —es decir, con mucho mirar hacia el ayer en sus conocimientos, y un impaciente abrirse al mañana hacia el final— y becqueriana y parnasiana por lo que hace a sus producciones centrales más propias.

En términos de esquema generacional, esta generación sería la de los nacidos entre 1860 y 1890, pero la abren, desprendiéndose de la generación anterior con franca rebeldía, poetas nacidos uno o dos años antes de la divisoria. Es posible ello, en buena parte, por la mayor posibilidad de apertura de esos poetas a las corrientes poéticas de la vieja Europa —el influjo interamericano comenzará, precisamente, a partir de finales de esta generación y comienzos de la siguiente—. (Barrera ha insistido con razón en la ventaja que significaba para los poetas residir en Guayaquil, más abierto a las novedades itinerantes en su calidad de puerto;[5] y el fenómeno poético cuencano tiene mucho que ver con el aislamiento provinciano interandino. Súmese a la condición de porteños de dos de ellos los viajes y roce mundano de los tres).

Son esos adelantados Alfredo Baquerizo Moreno (1858) con sus *Rimas*; Víctor Manuel Rendón (1859), parnasiano por contagio francés en parte de su producción, y Leónidas Pallares Arteta (1859), autor también de *Rimas* y, para Palma con «más tendencia al espiritualismo romántico de Bécquer que a la fosforescencia pesimista de Verlaine y Richepin».[6]

(Precursor, no solo de los parnasianos de esta generación sino hasta de movimientos posteriores, es César Borja (1852), parnasiano por el acabado de sus estrofas y traductor de parnasianos y simbolistas, incluidos Baudelaire y Verlaine).[7]

A Borja, Baquerizo, Rendón y Pallares Arteta —que, por otra parte, publicaron sus obras después de 1890— sigue un nutrido escuadrón de becquerianos y parnasianos: J. Trajano Mera (1862), Adolfo Benjamín Serrano (1862), Vicente Pallares Peñafiel (1864), Antonio C. Toledo (1868), Eduardo Mera (1872), Francisco Falquez Ampuero (1877), Alfonso Moscoso (1879). (Amén, claro está, de voces que persisten en el romanticismo como Miguel Ángel Albornoz (1875) y su movimiento juvenil romántico «Fígaro», María Natalia Vaca de Flor (1878), Francisco Chiriboga Bustamante (1879) y Mercedes Martínez Acosta (1882); de los poetas cuencanos que siguen su línea, como Luis Cordero Dávila (1876), Remigio Tamariz Crespo (1884), aunque este último funde con los acordes cuencanos nuevos sonidos y ritmos, y Gonzalo Cordero Dávila (1885); y de casos al margen de las corrientes poéticas como Nicolás Clemente Ponce (1886), Manuel María Sánchez (1882) y María Piedad Castillo de Leví (1889).

También de esta generación se desprenden y adelantan figuras que intuyen claramente cuál debe ser el siguiente paso en la evolución lírica y se apresuran a darlo (Aurelio Falconí, Luiz Veloz) o a guiar a otros hacia él (Isaac J. Barrera).

Y estamos en el punto por donde comenzaremos este estudio, al tiempo del relevo generacional. Las gentes que irrumpen entre 1913 y 1920, a veces con sus veinte años no cumplidos —días de prisa aquellos—, han nacido de 1889-90 para acá. En 1888 el primero, vagabundo errante de la poesía y de la vida.

¡Y, Dios, qué irrumpir aquel!

Félix Valencia (1888), Ernesto Noboa y Caamaño (1889), Humberto Fierro (1890), Wenceslao Pareja (1892), Arturo Borja (1892), Guillermo Bustamante (1893), Manuel Moreno Mora (1894), José Antonio Falconí Villagómez (1895), José Marías Egas (1896), Hugo Mayo (1898), Medardo Ángel Silva (1898), Miguel Ángel Zambrano (1899), Hugo Alemán (1899), Miguel Ángel León (1900), Antonio Montalvo (1901), Luis Aníbal Sánchez (1902), Aurora Estrada y Ayala (1902), Augusto Arias (1903), Gonzalo Escudero (1903), Jorge Carrera Andrade (1903), Hugo Moncayo (1903), Alfredo Gangotena (1904), José Rumazo (1904), Jorge Reyes (1905), César Andrade y Cordero (1905)...

[Por citar solo los primeros quince años, o primer grupo de la generación. Y dejando a un lado los nombres sureños que no participaron directamente en el movimiento modernista, como Remigio Romero y Cordero (1895), Manuel Agustín Aguirre (1904) y G. H. Mata (1904)].

El grupo irrumpe vigorosamente, con claro sentido generacional, frecuente relación y libérrima novedad en arte y vida. En la vida, una entrega al quehacer poético sin precedentes en nuestra literatura; una pasión por fundir vida y poesía que cambiará radical y definitivamente el sentido mismo de la poesía ecuatoriana. («Antes de hoy, función literaria ha sido ejercida por hombres de pelo en pecho y de voces robustas que, intermitentemente, la abandonan para empuñar la pistola de la conspiración o el fusil de la revuelta» —apuntaría al intentar el «Retablo» de los poetas de su generación Raúl Andrade—).[8]

Sus lecturas —inquietos, incansables lectores de poesía los grandes de esta generación; ávidos buscadores de la novedad europea y americana— son las del crepuscular fin de siglo, de Baudelaire para acá. «Heine, Samain, Laforgue, Poe y, sobre todo, mi Verlaine» —que dijera uno de ellos—,[9] y Mallarmé, Moreas, en la vieja Europa, y Darío, José Asunción Silva, Herrera y Reissing, Amado Nervo, en América.

Y así su poesía nace bajo el signo de Saturno.

En fin, por donde se lo mire, en nuestra lírica, sacudimiento generacional fortísimo, al que gazmoñería burguesa de entonces y dogmatismos marxistas posteriores tratarían de deformar, minimizar y sepultar. Con solo entender bien eso del «arte por el arte», en el sentido de tomar el arte en serio y no como entretenimiento episódico o instrumento para otros fines prosaicos, es justísimo lo que para esa generación, que fue la suya, defendió J. J. Pino de Icaza:

> Con «la generación decapitada» pasó la hora del desprecio al Arte, la hora del indocto Filisteo, que, académico, político, banquero, seudo moralista —en el

mundo burgués de la traición Placista— se indignaba contra los cánones del Arte por el Arte, se enfurruñaba contra las audacias mentales de los estetas novecentistas...[10]

Llegan, pues, nuestros poetas, vehementes, lúcidos, orgullosos de su arte, y se da en nuestra poesía el fenómeno de una impresionante carrera vital. Los mejores de la primera y apretada falange sucumben al primer frenesí y al medio «municipal y espeso»; los sobrevivientes y los que venían inmediatamente detrás buscaron un purgatorio en el socialismo naciente, para después —unos más pronto, otros más tarde— entregarse otra vez a la gran pasión de su vida, la poesía. A una poesía depurada y ya serena, la más alta que se ha hecho en el Ecuador —Escudero, Carrera Andrade, Miguel Ángel Zambrano—, conquistada al precio de cinco vidas.

Medardo Ángel Silva fue uno de los cinco que cayeron. De los cinco, el que había llegado el último. El que más cerca estuvo de la esperanza y al que más hondas calas debemos en motivos —«constelaciones»— de la poesía de su generación que permanecen válidos para todo hombre que viene a este mundo, condenado de antemano a muerte —el ser-para-la-muerte que dijera Heidegger— y hecho para la esperanza —el «homo viator» de Gabriel Marcel—. Pero esto pertenece ya al tratamiento de Medardo Ángel, y nos invita a abrir otro capítulo.

MEDARDO ÁNGEL SILVA

La madre del poeta, en escrito de su puño y letra, que emociona por su sobria y contenida emoción, ha trazado, a pedido de Abel Romeo Castillo, el biógrafo mayor de Silva, la suma de su sencilla biografía:

> Nació Medardo Ángel Silva en la ciudad de Guayaquil el 8 de junio de 1898 en la calle de Bolívar (hoy Víctor Manuel Rendón) en casa del señor doctor Arzube. Fueron sus padres Enrique Silva y Mariana Rodas de Silva. Se bautizó en la parroquia del Sagrario. Fueron sus padrinos de pila la señora Catalina Camacho de Escala y don Luís Sánchez Cordero, y de confirmación el señor Antenor Silva. Quedó huérfano de padre a la edad de cuatro años (en 1902).
>
> Con una pequeña parte del pequeño patrimonio (dinero ahorrado del padre) su señora madre compró un chalet cerca de la escuela de la Filantrópica, a la que ingresó a la edad de seis años para (completar en ella) su educación primaria.
>
> A los 11 años pasó al Colegio Nacional Vicente Rocafuerte, saliendo antes de terminar sus estudios (sin coronarlos con el grado de bachiller, afanosa aspiración de los jóvenes porteños de entonces) por haber perdido su madre el dinero que tenía depositado donde don Manuel A. Pereira (poderoso comerciante de la época, quien poseía un gran almacén en la esquina de 9 de Octubre y Pedro Carbo, y quien se suicidó el 12 de diciembre de 1917 al percatarse de que se hallaba en quiebra, debido a la mala administración de su negocio). Principió a trabajar en las imprentas y siguió la carrera literaria hasta su trágica muerte.[11]

El rincón natal y el árbol paterno inclinaron al niño poeta en dos direcciones que penetrarían hondamente su obra posterior: el don de la música y la obsesión por la muerte

—que son como dos soles, el uno claro y el otro sombrío, en el sistema poético de Medardo Ángel Silva—.

La música: abuelo de Medardo Ángel fue un violinista español, don Fermín Silva y Oseguera, llegado a Guayaquil a mediados del siglo XIX dirigiendo la orquesta de una compañía española de zarzuela y que se avecindara y contrajera matrimonio en ella. El padre del poeta había sido violinista. Y, fiel a la herencia, Medardo Ángel aprendió a tocar el piano y fue asiduo de un círculo de músicos, el Centro Musical Sucre. Y por encima de aficiones y ejercicios estrictamente musicales, se mostró siempre fino y seguro en su música verbal.

Y la muerte. Abel Romeo Castillo nos ha hecho notar que el chalé de que habla la madre del poeta —chalé: humilde casa de madera, al estilo costeño— estaba situado en las vecindades del cementerio, el lugar de tránsito obligado para las viejas carretas funerarias que todos los días pasaban con su fúnebre carga.

Escolar de 1907 a 1912, Medardo Ángel parece haber amado mucho más sus sueños que los quehaceres discentes. Distante su casa exactamente una cuadra de la escuela:

Aunque yendo despacio, al fin la callejuela
acaba, y estábamos al frente de la escuela
(«Aniversario»);

y en el aula:

Pero ¿quién atendía a las explicaciones?...
¡Hay tanto que observar en los negros rincones!
y, además, es mejor contemplar los gorriones
en los hilos; seguir el áureo derrotero

13

de un rayito de sol o el girar bullanguero
de un insecto... (Ibid).

A los once años, ingresa al Vicente Rocafuerte, pero en 1915, cuando comenzaba el primer año de filosofía, abandona los estudios sin que se sepa a punto fijo por qué.[12]

Dos años antes de abandonar el colegio y lanzarse a campo, traviesa por una incansable y múltiple lectura, Medardo Ángel había pedido cabida para poemas suyos en los más prestigiosos órganos del tiempo. En 1913 se había dirigido a *El Telégrafo Literario* con algo que quien lo recibiera calificó de «un soneto de técnica perfecta y corte parnasiano, que más parecía una acertada traducción de Heredia»[13], y en 1914, con dos cartas, a Isaac J. Barrera, director de *Letras*. Desatendido en una y otra partes, el joven publica sus primeras producciones en la modestísima *Revista Juan Montalvo*, en el número 19, de octubre de 1914. Su «Paisaje de leyenda» —título del primer poema, un soneto— y las siguientes primicias nos muestran a un poeta seguro de la forma, muy musical —música como ritmo y sonido, y música como alusión—, influido por el modernismo americano, y en especial por Rubén Darío, Herrera y Reissig, que contaban entre sus más caras lecturas. En la misma revista se inicia como prosista, con un estudio sobre Arturo Borja y una «Revista de revistas».

«Principió a trabajar en las imprentas y siguió la carrera literaria hasta su trágica muerte», resumía estos años de 1915 a 1919 la madre del poeta, y el resumen es perfecto. Lo mejor de esos años los volcó Silva en sus poemas y sus prosas. Con el seudónimo de Jean d'Agreve escribe crónicas en *Ilustración* y *El Telégrafo*, y en ellas nos da la imagen que tenía —o quería tener— de sí mismo:

> El sombrero hundido, la melena revuelta, las manos en los bolsillos «como un poeta que sale a cazar versos con trampa», Jean d'Agreve recorre su ciudad nativa, que duerme en la madrugada como una maritornes rota por el trajín del día.[14]

Jean d'Agreve es Medardo Ángel Silva vuelto hacia lo que le rodea, mirándolo todo con mirada triste, misericordia, penetrante: («La tristeza del burdel», «Fumadero de opio», «La urbe que duerme y que trasnocha»), pero también con fino sentido de humor. («El oso estaba triste, ¿qué le pasaba al oso?», «Un diplomático que se ha hecho fraile»), como que se gloriaba de jamás haber cultivado «aquella eunucoide virtud de la seriedad».[15]

Anteriores a sus crónicas son sus prosas líricas, parte de las cuales incluyó en su primer libro, *El árbol del bien y del mal*, que vio la luz en 1917; otra serie apareció en 1919 en la revista mensual *Patria*.

Cultivó además el relato. Cuentecitos cortos, de gran lirismo, que fue regando por aquí y por allá en publicaciones de la época. Y, como folletón en *El Telégrafo*, del 26 al 29 de enero de 1919, una novelina, su *María Jesús*, lírica historia de amor.

1919 es año de plenitud en la vida de Medardo Ángel Silva. En enero, *María Jesús*, abre a Jean d'Agreve la columna diaria en *El Telégrafo*; anuncia la publicación de *La máscara irónica* —con trabajos en prosa— y de *Las trompetas de oro* —poemario épico—, cuyos originales remite a Rufino Blanco Fombona aspirando a que este incluya la obra en la Colección de Poesía de la

editorial América de Madrid. Sus prosas nos lo muestran sereno, dueño de sí. Y su poesía —algo sus prosas—
nos dicen que su intensa agonía espiritual se acercaba a
recalar en puertas de religiosidad y albas de esperanza.
Y entonces, precisamente entonces, la noche del 10 de
junio, una bala, cuyo porqué y cómo aún no se han es-
clarecido completamente,[16] segó la vida del artista que
departía con Rosa Amada Villegas, la colegiala amada.
No sabemos si es mayor el absurdo o el misterio de esa
muerte. Y son tan densos absurdo y misterio que, al en-
mudecer tentativas de explicación legales y sicológicas,
nos volvemos a su espiritual y mística obsesión por la
muerte, con quien parecería haber concertado cita ina-
plazable. Con aquella que llamara «Esposa Inevitable,
dulce Hermana Tornera». En 1918 la premonición se
había tornado insistente. «La muerte —escribía en mayo
del 18— vino a visitarme la otra noche» y en agosto se
mostraba vehemente por su venida definitiva. En mayo
de 1919, la muerte de Amado Nervo le merece un artículo que se nos antoja enternecido réquiem por el poeta
muerto y por él mismo. Allí están las últimas y más en-
trañables vivencias espirituales de Medardo Ángel Silva:

> ... el poeta inefable en cuyo corazón inmenso resonaba
> la música del Todo... miembro de aquella insigne fami-
> lia del Poverello, de Kempis, de Federico de Handem-
> berg Novalis, de Ruysbroeck... ha entregado su espíritu
> de luz al foco celeste del que —chispa animalada cons-
> ciente— se desprendiera un día.
> Él sabía, como el poeta maldito, que no se mira *qu'infini
> par toutes les fenestres*, y a todo nuestro redor el abismo
> pascaliano abre sus fauces; *obscura et de l'incertain* se
> refugió en el Amor.

Medardo Ángel Silva se abre a la poesía, en lo formal, bajo el influjo de Rubén Darío, de quien le debió atraer la musicalidad y algo el exotismo de motivos, y de Herrera y Reissig, en quien admiró perfección y contención líricas.

Para modelar su sustancia hunde sus raíces en la poesía francesa de fin de siglo. Baudelaire y los simbolistas —Mallarmé, Verlaine, Rimbaud, Samain—. Pero, sobre todo, Baudelaire.

Tres grandes jornadas se pueden señalar en la producción de nuestro poeta: los comienzos —de los que apenas nos quedan breves muestras, interesantes más que nada para seguir su progresiva maduración formal—; la época que pudiéramos llamar del «Árbol del bien y del mal» —que incluye el libro y todos los poemas, tan vecinos en espíritu y forma a los del libro, trabajados desde 1914 hasta el mismo 1919—; por fin, una tercera y nueva etapa, que cortó la muerte apenas comenzada, cuando se abría a estupendos horizontes, la de «Trompetas de oro».

Dentro de la jornada central —que es, en último término, para nosotros todo Medardo Ángel Silva— se hace difícil establecer, un ordenamiento de todos o al menos buena parte de los poemas —muy pocos llevan fecha; menos aún tienen crónica fidedigna del tiempo en que fueron escritos—, y así resulta más que arriesgado intentar el trazo de un itinerario espiritual. (Por supuesto, si con ese itinerario se quiere explicar el suicidio o accidente final, el empeño no puede ser más descaminado. Basta para mostrarlo con lo apuntado en la biografía del poeta).

Sin embargo, las «Estancias» nos descubren lo más hondo de su vida interior a los 16 años, en 1914, y «Suspiria de profundis», a los 19, en 1917, nos revelan esa misma hondura interior en la vigilia de la Tierra Prometida. Entre las «Estancias» y los «Suspiria» se entreteje —más que sucederse, ordenarse— un rico juego de motivo y símbolos, de los cuales algunos recurren una y otra vez y presiden el conjunto como verdaderos leitmotivs. Tanto, que nos ha parecido el camino más directo hacia el corazón del poeta precisar esa simbología.

Los comienzos

En el número 19 de la *Revista Juan Montalvo* aparece su primer poema, fechado en 1914. Un soneto: «Paisaje de leyenda»:

Muriente sol en el ocaso inclina
la rubia testa bajo nubes de oro,
recogiendo el lumínico tesoro,
que la estrellada noche se avecina.

La tarde ya sus púrpuras declina…
Entona un himno el piélago sonoro,
a cuya margen, sílfides en coro
hacen su blanca desnudez divina.

De la onda surge con amarga pena
el suspiro de amor de una sirena,
que roba, grácil, viento vespertino.

Y al murmullo fugaz de las canciones
de su rosado caracol marino,
danzan en las arenas los tritones.[17]

Violenta construcción de algún verso (el 4), un ripio (el «ya» del verso 5), menos propiedad por aquí y por allá. Pero seguridad de ritmo y vigor de imagen. Endecasílabos que muestran al poeta.

Entona un himno el piélago sonoro.

En el joven poeta que irrumpía, modesto y seguro a un tiempo, hay huellas del período becqueriano que había pasado nuestra poesía; «Ojos africanos», también poema primerizo, del 14,[18] a pesar de su forma soneto nos suena a rima o a dos rimas. Pero el color, el ritmo, la alegría del verso proclaman claramente su filiación modernista:

Y fue en Versalles, en la dorada fiesta
—¡oh, eglógica pastora deliciosa!—,
que te ofrendé mi amor en una rosa,
al arrullo de la orquesta («Añoranzas»).[19]

Mucha historia legendaria y paladines y torneos galantes. El poeta es trovador que quiere morir de amor («Serenata»); hay silfos y ninfas en florestas de oro («La ninfa»).

Y entonces, en esos primeros escarceos, asoma su adusta faz pesimista:

Cual respondiendo a la queja
de Wagner, nocturno viento,
con melancólico acento
en los sauzales se queja;
mi Pesimismo se aleja... («Horas confidenciales»).[20]

El dolor y el mal ensombrecen ya los versos juveniles. El poema «Espera» es como el doblar de una página. Fugaz ha sido la anterior, la de la primavera de 1914 (eso de «primavera» es del propio Medardo: con esa mención de estaciones data sus poemas mozos), y el último verso del primer soneto de los dos que componen «Espera» profetiza con lucidez escalofriante el derrumbamiento final:

> Y en una noche tibia y perfumada
> rodará por la alfombra empurpurada,
> el negro monstruo de mis penas, muerto.

Es el invierno de 1914, y el segundo soneto de «Espera» acaba con un verso desgarrador y desgarrado, en el que se ha apagado toda la música anterior con el sombrío golpe de timbales de un «nunca» repetido:

> ... solo el eco repite, en el camino
> inmensamente triste: ¡Nunca!... ¡Nunca!...[21]

El primer poema de 1915, que ve la luz en los «Jueves Literarios» de *El Telégrafo*, parece que hubiera sido escrito a la distancia de años de los «primaverales» y luminosos:

> Cuando se es aún joven y se ha sufrido tanto
> que lloran nuestras almas vejeces prematuras.
> («Cuando se es aún joven»)[22]

Los grandes acordes medardianos se dejan escuchar así como cuando la orquesta ensaya temas para poner a punto los instrumentos: dolor de la juventud hundida en una vejez prematura, interrogante en el horizonte, dolor silencioso, plegaria a Jesucristo, visión de la última hora. (Las «Estancias», a pesar de su fecha general —1914—, solo vieron la luz más tarde, y bien pudiera

ser que las más graves —VII, VIII, XI— sean algo posteriores a «Cuando se es aún joven». La forma por lo menos
es mucho más madura).

EL ÁRBOL DEL BIEN Y DEL MAL

El primer poema de *El árbol del bien y del mal*, aunque
está fechado en 1915, nos pone ante un Medardo Ángel
Silva formalmente maduro. Movimiento estrófico amplio y un largo discurso; adensamiento cultural —alusión sentida con fuerza a la selva que Dante viera—; entre líneas adivinamos luchas, y sabemos que, en verdad,
esos «manes de la Envidia y del Insulto» acometieron al
joven poeta, pero hay voluntad de sobreponerse a todo y
la más firme certeza de ser llamado a la poesía:

> Lírico adolescente, ve a cumplir tus empeños.

«La investidura» cumple con su título: el poeta en ese
canto se «recibe», o se arma caballero andante de la poesía. Estamos ante un verdadero «Manifiesto»:

> Sé ingenuo, como el agua de las puras cisternas
> o el remanso que copia todo el celeste cielo;
> y así verás triunfar la aurora de tu anhelo
> y será tuyo el reino de las cosas eternas.
>
> Y salvarás las duras verdades metafóricas
> del hondo abismo de ti mismo,
> y escucharás las claras músicas pitagóricas
> desde la noche de tu abismo...

Medardo Ángel concibe su vocación poética como auténtica vocación profética, consagración de la existencia al «apolíneo rito».

La última estrofa recoge motivos fundamentales de la lírica medardiana; tiempo y dolor, lo religioso —«espíritu romero»—, la muerte —el Arquero—:

> E indiferente al Tiempo y al Dolor, peregrina
> por la ignorada senda mi espíritu romero,
> mientras, en la asechanza de la sombra asesina,
> vanamente me envía sus flechas el Arquero.

Tras «La investidura», el poeta abre su libro con «Las voces inefables». Amplio despliegue sensorial, tan del gusto modernista. Mucho perfume, Chopin y música; mucha visión del motivo como obra de arte. Voluptuosidad verbal.

> ... un eco de lejanos burcelines
> rasgó los terciopelos de la bruma («Junto al mar»).

La garra del poeta se muestra en el dominio del lenguaje —léxico rico y propio—, en la fina captación sensorial, en la metáfora rápida, certera, de cuño modernista:

> Y soñando en tus manos irreales
> en las arenas deshojó la espuma
> una anemia de lirios otoñales (Ibid.),

y hasta en la comparación, más lenta y explícita:

> Rugió el lascivo mar a la manera
> de un sátiro de barbas temblorosas...
>   («Vesper Marino»)

Y a sus tiempos la nota medardiana de humanidad y ternura:

> Segó mis dichas la Malaventura,
> como inocente y cándido rebaño...
> («La muerte perfumada»)

Siguen a «Las voces inefables» las «Estancias». Las «Estancias» son el chocar de dos aguas. El mundo brillante, sensual, sibarita del modernismo de moda (de moda, entiéndase en el Ecuador: en América declinaba ya), con el aguaje profundo de la emoción medardiana —añoranzas infantiles, temores, sentido religioso de culpa y expiación, desconcierto ante el futuro, y la historia de un amor saturnal, muy «fin de siglo», que hizo «una noche eterna del alba de mi vida»— al decir del poeta (Est. XIII).

Algunas «Estancias» son obras de la más admirable plenitud estética y de impresionante hondura humana:

> Marcha la luna trágica entre nubes de gasa...
> sin que nadie las toque se han cerrado las puertas...
> El miedo, como un lobo, pasea por la casa...
> se pronuncian los nombres de personas ya muertas...
>
> El abuelo las lámparas, por vez octava, prende...
> se iluminan, de súbito, semblantes aturdidos...
> Es la hora en que atraviesa las alcobas el duende,
> que despierta, llorando, a los niños dormidos...
> (Est. XIV, «Velada del sábado»)

Y en las «Estancias» nos sentimos arrastrados a las más oscuras simas:

Hastíos otoñales, ya nada me entusiasma
de cuanto me causara infantiles asombros (XV).

Y eternamente oirás en tus noches sin calma
mi sombría plegaria que, rugiendo, te invoca (XXII).

—¡Da tregua al Tiempo, iluso corazón, ya entrarás
al gran silencio donde legaremos un día!... (XXIV)

En las «Estancias» se ha cumplido ya aquello del título: el poeta ha comido de la fruta del árbol del bien y del mal; tiene ciencia del bien y del mal, pero, perdido el paraíso de la inocencia, está irremediablemente triste. El resto no será sino avanzar, con su ciencia prematura a cuestas, a través de tristeza, cansancio, tedio, desencanto, espera estremecida de la muerte, hacia el mundo abisal de lo religioso y el alba final. «Suspiria de profundis», con la fecha más tardía —1917—, cierra *El árbol del bien y del mal* con poesía honda, sombría y dolorosamente religiosa, cuya primera nota es ese acorde de impresionante y oscura belleza.

Satán es cazador furtivo en la celeste
selva donde divaga el místico redil («El cazador»).

Desde «Estancias» hasta «Suspiria» estamos en el mismo mundo; y no solo en los poemas de *El árbol del bien y del mal*, sino en todo lo que el poeta escribiera por aquellos febriles y dolorosos años.

Hoy ofrecemos al lector, a más de *El árbol del bien y del mal*, selección recogida por el propio Medardo Ángel Silva, la que hiciera en París, algunos años más tarde,[23] Gonzalo Zaldumbide. En esa doble suma —que comprende la casi totalidad de los grandes poemas de Medardo Ángel Silva— haremos un último empeño de búsqueda de los grandes motivos y símbolos.

Se puede arrancar por la tristeza o el cansancio, que hemos hallado ya en sus primeros versos, anteriores a *El árbol del bien y del mal.* Muy pronto habla de «corazón hastiado» y se queja:

> ... la senda ha sido larga, amiga; estoy cansado
> y quisiera gozar de mi hora vespertina.
>
> («Palabras de otoño»)

Extiende su cansancio a todo, «me cansa todo lo que existe» («Canción del tedio»). Un cansancio sin medida, que le hace ansiar paz:

> Ansío paz, la paz que tu Evangelio augura...
> ¡Tan grande es mi cansancio de todo lo que existe!
>
> («La noche»)

Cansancio y tristeza. La imagen fúnebre nos dice todo lo pesada que le era esa tristeza:

> Y cae sobre el alma la tristeza
> igual que sobre un muerto, un puñado de tierra.
>
> («Otras estampas románticas», IV)

Y la tristeza llega hasta la desgarradora queja de «Lo tardío»:

> Madre: la vida enferma y triste que me has dado
> no vale los dolores que ha costado;

no vale tu sufrir intenso, madre mía,
este brote de llanto y de melancolía.

El poeta, estoico, esconde su dolor «Tras la irónica máscara». Cansancio, tristeza; el repertorio se completa con hastío y tedio.

> Hastíos otoñales... ya nada me entusiasma.
>
> (Est. XVI)

> Ni un ansia; ni un anhelo, ni siquiera un deseo,
> agitan este lago crepuscular de mi alma.
>
> (Est. VIII)

La vida de la ciudad es para el poeta «el tedio cotidiano» («Divagaciones sentimentales», I), y el amanecer gris le trae como única emoción la queja: «¡es tan vulgar el sol!» («Amanecer cordial»).

Desde su destierro, el poeta mira al paraíso perdido, y se duele:

> —Qué lejos aquel tímido y dulce adolescente.
>
> (Est. XX)

> Y fue bajo el auspicio del padrino Saturno
> que deshojé a sus plantas mi juventud florida.
>
> (Est. XIII)

Hay una honda nostalgia por lo que quedó atrás, por lo que va pasando. Hermosa expresión de esa nostalgia es el «se va con algo mío la tarde que se aleja», lo mismo que los poemas en que retorna a la infancia:

Suenan voces de niños... (Est. VI)

Conmovedora expresión de nostalgia por la infancia perdida es «Aniversario»:

¡Oh, madrugadas rosas olientes a campiña,
y a flor virgen! —entonces estaba el alma niña...

Perdió el paraíso de la infancia y la inocencia. Ahora le tientan la carne y el placer —«estremece mi carne tu lasciva fragancia»— (Est. V), los «alimentos terrestres», pero, espíritu profundamente religioso, siente que todo aquello es frívolo y banal, hueco y falso.

¡Oh, vida frívola y banal! (Est. XVII)

Vida exterior y hueca, vida falsa...
(Divagancias sentimentales I)

Y le angustia el incontenible pasar del tiempo:

¡Detente!... le decimos al minuto que pasa.
(«El alma presa»)
... pues que me siento efímero...
(«La sombra de una lágrima»)

La muerte le obsesiona. ¡Qué modo de llamarla!:

Esposa inevitable, dulce Hermana Tornera.
(Est. XI)

Tiene con ella una cita:

... me adelanté a la cita y, al margen de la vida,
ha dos siglos que espero los besos de su boca (Est. XI).

Vive el poeta «como en asecho del rumor con que boga su misteriosa barca».

Ella viene sin que se la sienta:

¡Pues la fatal Guadañadora
tan recatada y dulce llega
que no se ve la segadora
si no la siega!...

(«En el umbral de la noche»)

Oh, tú, que a nuestro lado vas con paso de sombra...

(«Ofrenda de la noche»)

La muerte, temerosa en muchos versos, es la Enmascarada y la teme. «La muerte enmascarada», es en otros, heroicos, la Libertadora, y cuando venga:

... caerán las duras cadenas,
se abrirá la puerta de hierro.

(«La Libertadora»)

Dominándolo todo se yergue, sombría, definitiva, realidad inminente y símbolo metafísico a un tiempo, la muerte.

Y así se completa la noche del poeta —un «mal taciturno» hizo «una noche eterna del alba de su vida» (Est. XIII)—. Implacable devenir; la muerte presidiendo ese devenir con plazo fijo; el placer vacío; el mundo gris; la vida tediosa.

Entonces, frente a esta suma de vivencias y símbolos oscuros, se anuncia el símbolo luminoso: el alba.

Al comienzo eso de «alba» se entiende de posibilidades humanas. El «¡Ah! si tu alba luciera para mi noche oscura» (Est. XVII) se refiere al amor.

Y otra vez más se relacionó el amor con auroras en «Velada»: se dirige a un «tú», cuyo amor ha sido:

... ángel anunciador de las nuevas auroras.

Y con el amor tiene que ver eso de:

¡Oh, ingenuas albas! Oh, inocencias...
(«Citeres»)

La amada es quien llegó como una aurora:

... y llegaste lo mismo que una aurora naciente.
(«Amada»)

De la visión del amor humano —el más limpio: «Oh, ingenuas albas...»— como alba para sus oscuridades, para el mal taciturno que hacía una noche eterna del alba de su vida (Estancia XIII), se pasa, por solo una transfiguración del amor —o, si se prefiere, una apertura del amor y de lo que el amor conlleva de esperanzas— a hacer del alba un símbolo más alto y más total.

Poema fundamental que no deja lugar a dudas sobre este enriquecimiento del símbolo es «Revelación». Poema escrito frente a un amanecer marino, recoge la «revelación» formidable:

Un yo nuevo del fondo de mi pecho surgía,
y algo de mi alma loca de aventuras partía
en un esquife de oro con rumbo hacia la aurora.

La aurora se carga de rico contenido espiritual. En «Inter umbra» ve al alma sepultada en calabozo de arcilla, en vigilia perenne, y la aurora le habla de liberación:

En el confín rosado ya se anuncia la hora...
Gabriel mueve sus alas en el campo celeste...
vuelve desde tu noche a la límpida aurora...
y que sepan los astros el color de tu veste.

Ahora la aurora es verdadera:

Pero sonó el Destino inexorable su hora
y el brusco despertar nos anunció la aurora
verdadera, la aurora sin flor y sin estrella.

(«Soneto de otoño»)

Y el poeta desentraña, él mismo, con amorosa lucidez el símbolo en «El alba de Jesús»:

Señor, en mí me busco y no me encuentro...
¿Dónde la claridad del puro día
cuya luz inmortal fulgura dentro
del corazón sin pena ni alegría.
...
Pero una voz en mi interior te nombra
y dulcemente hacia tu fin me lleva,
porque Tú estás en mí como en la sombra
la luz celeste de la aurora nueva.

El alba recogió toda su esperanza, ya desde 1916, porque de esta fecha es su «Epístola» a Arturo Borja, muerto. Allí está ya ese verso alto y hondo, aunque mezclado con otros que no desbordan una dimensión estética:

Tú, que ves la increada luz del alba que ciega.

(Bien podría ser este el más hermoso verso de poesía religiosa que se haya escrito en nuestra literatura. Tiene una grandeza dantesca; la del Dante más luminoso, el del Paraíso).

Importa subrayar la importancia de haber dado con este símbolo luminoso y esperanzador como verdadero leitmotiv de la poesía de Medardo Ángel Silva. Nos prueba que no fue una poesía cerrada. Y ya es hora de acabar con otra simplificación de nuestra crítica, debida en buena parte a críticos desprovistos de dimensión religiosa. El humilde lector de Kempis, el apasionado lector de la *Vida de Cristo* de Renan buscó, honda y sinceramente, salida al «mal taciturno» en lo religioso, y su hastío y tedio por los «alimentos terrestres» lo llevó por caminos de desencanto y *contemptus mundi* a buscar otros valores. Y se abrió a la esperanza —ese me parece el significado último del símbolo del alba—.

Medardo Ángel Silva hizo de su poesía plegaria. ¡Y qué hermosas, qué impresionantes oraciones esas que alguna vez llamó «mi sombría plegaria»!

Como su «Oración de nochebuena».

Lo religioso en Medardo Ángel Silva significa un capítulo importantísimo no solo en la poesía ecuatoriana del siglo.

Agudo sentido del pecado («Las alas rotas»), visión esperanzada del más allá, plegaria estremecida y confiada, fácil tránsito de la contemplación de la criatura a la de lo increado (en «Fiesta cromática en el mar» su espíritu «extático y turbado» se abisma ante el «inmenso absoluto del más allá»), franciscano amor a las cosas buenas («Comamos nuestro pan, bebamos nuestro vino y reciba el Señor nuestra alabanza diaria»: «Philoso-phia»). En vigor, como el mismo Medardo Ángel Silva se viera, «un alma ebria de luz enferma de infinito» («Lo tardío») que cumplió la misión del artista cristiano: avi-var la sensibilidad cristiana en su mundo.

TROMPETAS DE ORO

Cerramos nuestra selección con los más significativos poemas del libro que recoge la tercera etapa del poeta, la que cortó la muerte apenas comenzada, *Trompetas de oro*.

El primer poema «Interior» anuncia un final y un comienzo. El poeta tiene la clara conciencia de cerrar una época y abrir otras; de volverse a nuevos horizontes.

Largo tiempo elogié las bocas frescas...

Pero una vez...

«Una vez» volviendo de algún viaje lírico —«de algún Cipango o Cólquide lejanos»— dio con unas notas nue-vas que vibraban, «maravillosa sinfonía», en el fondo del alma...

Fue el despertar de no sé qué ignorada
existencia en el fondo de mí mismo,
torné a mi propio enigma la mirada:
medí mi noche y comprendí mi abismo.

Y como quien es fuerte porque espera
el himno de oro y las vibrantes dianas

de la aurora triunfal, lancé a la hoguera
las joyas falsas de mis rimas vanas.

Otra vez los símbolos claves de noche-abismo y aurora. Aurora, dicho en un tono mayor que prometía vibrantes empresas líricas.

Otro patrono aparece, a medida de la novedad general de espíritu y formas: Walt Whitman («Cabalgata heroica»).

Las imágenes son grandes.

El huracán aullaba, como un mastín de caza,
a la noche invasora... («Bolívar y el tiempo»)

Los versos vehementes irrumpen en fogoso discurso y sobrecabalgan unos sobre otros.

Todo nos deja ante los módulos amplios, altivos, del épico. Pero todo se acabó allí. Y ni siquiera nos es dado rastrear qué tipo de poeta perdieron las letras nacionales, aunque sabemos de cierto que lo perdimos muy grande, con la más dolorosa pérdida que imaginarse pueda.

Medardo Ángel en sus *Trompetas de oro* proclamó salir del gremio de «hombres tristes / meditabundos pálidos / buscadores de infinito» para henchirse de júbilo con las grandes hazañas de la patria: para ver «el regreso de águilas y cóndores / y vuestro sol de oro, americanos».

Pero el símbolo caro retorna. Canta un «Himno de la mañana», que ahora es llamado vigoroso a poderosa acción de conquista del mundo; pide arrojar las diarias amarguras y bañar «de auroras el corazón sediento» («La anunciación»), y en exaltado himno a «La aurora» invita:

... escuchad, escuchad la celeste armonía
que vibra en las alturas
al paso del corcel luminoso del día...
que la antorcha solar aniquile las malas
sombras y que la aurora triunfadora
estirpe el cielo de las alas...
Y sea con nosotros para siempre la Aurora.

Era 1918. Medardo Ángel Silva soñaba con un hombre nuevo («La hora») y, acaso, se aprestaba a cantarlo. Pero no sabía que muy pronto, y por el más extraño camino, sería con él para siempre la Aurora.

NOTAS

[1] J.A. Falconí Villagómez, citado en Augusto Arias, *Panorama de la Literatura Ecuatoriana*, 5ta ed., Casa de la Cultura Ecuatoriana, Quito, 1971, p. 258.

[2] J.J. Pino de Icaza, «Medardo Ángel Silva. La Obra. El hombre. El huésped desconocido», en *Medardo Ángel Silva juzgado por sus contemporáneos*, Casa de la Cultura, Guayaquil, 1966, p. 88.

[3] Ibid. p. 89.

[4] Ibid. p. 97.

[5] Isaac J. Barrera, *Historia de la literatura ecuatoriana*, *Siglo XIX*, Vol. III, Editorial Ecuatoriana, Quito, 1950, p. 442.

[6] En «Pocas Palabras», prólogo a las *Rimas* de Leonidas Pallares Arteta, Imprenta y Encuadernación Gil, Lima, 1894, p. III.

[7] Cf. J.A. Falconí Villagómez, *Los precursores del modernismo en el Ecuador: César Borja y Falquez Ampuero*, Casa de la Cultura, Quito, 1959.

[8] Raúl Andrade, «Retablo de una generación decapitada», en *Gobelinos de Niebla*, Talleres Gráficos de Educación, Quito, 1943, p. 72.

[9] Ernesto Noboa y Caamaño, *La romanza de las horas*, poema «A mi madre», s.f.

[10] J.J. Pino de Icaza, ob. cit., p. 89.

[11] Abel Romeo Castillo, *Medardo Ángel Silva (El poeta rubio tallado en ébano)*, Casa de la Cultura, Guayaquil, 1969, p. 11. (Agradecemos a Abel Romeo Castillo el haber puesto a nuestra disposición los primeros cuadernillos de esta obra, aún sin encuadernarlos para que utilizáramos para este estudio).

[12] A más de la versión materna —«por haber perdido su madre el dinero»— corren otras explicaciones. Abel

Romeo Castillo ha recogido dos anécdotas a cual más pintoresca. He aquí la segunda:

> La otra versión parece más verosímil. Y es que estando un día de clase, uno de los profesores —afamado por su rigidez y su intemperancia— le molestó de la siguiente manera:
>
> —Oiga Silva, vaya y córtese el pelo, pues yo no quiero en mi clase jovencitos de melena...
>
> El muchacho se levantó de su pupitre, recogió sus libros y salió paso a paso de la clase, ante el silencio pesaroso de todos sus compañeros que ya le apreciaban y admiraban (y el suyo propio).
>
> Pero cuando estaba cerca de la puerta, el incisivo e injusto profesor volvió a molestarle, pero tratando de recoger velas:
>
> —Ya sabe, jovencito, si quiere regresar por aquí, se corta el pelo y vuelve sin melena...
>
> A lo que el joven, sin poder contenerse, le contestó en voz alta, respetuoso, pero muy digno y orgulloso de su valer:
>
> —No se preocupe, señor profesor, que no volveré.
>
> Añadiendo en media voz para que le oyeran sus compañeros de clase:
>
> —Ese doctor no sabe lo que hay debajo de esta melena...
>
> Y no retornó más ni a clase, ni al colegio.

En nota Romeo Castillo dice que esta anécdota le fue referida por familiares del poeta, ob. cit., pp. 22-23.

[13] José Antonio Falconí Villagómez, «El extraño caso Silva». Artículo de la página literaria de *El Telégrafo*. Citado por Abel Romeo Castillo, ob. cit., p. 27.

[14] *Casa de la Cultura*. 1965. «La ciudad nocturna» en «María Jesús (Novela) y al pasar (crónicas)», Guayaquil, p. 54.

[15] «María Jesús (novela) y Al pasar (crónicas)», p. 70.

[16] El estado actual de la cuestión, al cabo de más de me-

dio siglo de discusión podría resumirse como parece sugerir Romeo Castillo:

> No parece aceptable la hipótesis de que alguien disparase contra el poeta. Estaban, parece, solos la muchacha y él. Él subió a la cita armado.
>
> La única bala de su arma se disparó.
>
> —Parece que el poeta no tuvo la menor intención de suicidarse: había sacado del revolver todas las balas, menos una. Estaba en un estado de gran serenidad. La joven con quien departía al tiempo del disparo no era su gran pasión. Tenía muchos planes. No dejó carta ni nota alguna alusiva a una posible desaparición o muerte.
>
> —¿Y entonces? ¿Ruleta rusa? ¿Un juego fracasado a causa de su poca pericia con el arma? ¿«Mortal sonambulismo» a lo Manuel Acuña?

[17] El texto del soneto lo tomamos de *Obra completa* de Medardo Ángel Silva, recopilación de Vicente Alencastro. Quito, Cyma, fecha (apareció en 1969). La citaremos así: Al. y la página.

[18] Al. 28.

[19] Al. 29.

[20] Al. 34.

[21] *Revista Juan Montalvo*. 1915. «Espera», abril de 1915. Cit. Al. 38.

[22] Al. 39.

[23] En *Poesías escogidas*, selección y prólogo de Gonzalo Zaldumbide, Bouret, París, 1926.

)

EL ÁRBOL DEL BIEN Y DEL MAL

(1914-1917)

LA INVESTIDURA

(1915)

Fue en un poniente mágico de púrpura y oros:
con música de brisas en los pinos sonoros;
rítmicas desfilaban las horas, al ocaso
tal una ronda griega cincelada en un vaso;
un terciopelo verde parecía la pampa
y el cromo era lo mismo que una eglógica estampa.

Escuchaban los valles la Palabra Infinita
con que Él habla a las cosas:
a las humildes hierbas, a las rosas,
al león de aceradas zarpas
y al viento que sacude la orgullosa floresta;
y dirige en las sombras la polífana orquesta
del bosque, en un concierto de medio millón de arpas...

¿Cómo me hallé de súbito en la selva —que fuera,
por lóbrega y sin rutas, hermana de la obscura
selva que Dante viera—?
Yo no sé. Como un niño temblaba de pavura;
en mi carne hundía sus ventosas el Miedo,

tal un informe pulpo; llegaba hasta mi oído
un confuso remedo
de llanto, de blasfemia y de rugido.

Mil insectos charlaban en gangosos dialectos,
y, al desplegar la seda de sus galas,
eran en la penumbra los insectos
piedras preciosas con alas.

Flexibles bayaderas fingían las exóticas
flores, de cuyos pétalos obscuros
se exhalaba un aliento de fragancias narcóticas
que a las bestias sumían en ensueños impuros.

En el ambiente cálido,
como un remordimiento,
se escuchaba el reptar de invisibles gusanos;
un rumor de fermento,
que salía del pecho de los robles ancianos...

Las lianas se envolvían a los troncos macizos,
desplegando en sus curvas femeniles hechizos,
dando a sus movimientos perversas inflexiones
y simulando, en torpes convulsiones,
los lúbricos espasmos del Deleite...

Y eso, a una lumbre lívida de lámpara de aceite,
tomaba ante mis ojos aspectos inauditos
cuando, como un relámpago miré pasar tropeles,
confusos y oí los rudos gritos
conque azuzaban en el bosque oculto,
sus ágiles lebreles
los manes de la Envidia y el Insulto...

Pero triunfó mi espíritu en la artera emboscada
y arrojé, como un lirio sobre una agua estancada,
sobre ellos la silente piedad de una mirada.
Y, tal un Amadís de la moderna Gesta,
seguí, bajo el asombro mudo de la floresta...

¡Oh!, entonces contemplaron mis ojos extasiados
la sacra maravilla del rostro de la Diosa
y viéronle mis locos sentidos prosternados
con la diadema augusta sobre la frente rosa.

Tenía en sus pupilas toda sabiduría,
de sus manos brotaban los designios eternos,
como un ave en su nido la sagrada Armonía
residía en sus labios. ¡Su mirada vertía
luz en los tenebrosos ventisqueros internos!

¡Oh, celeste prodigio! De fulgores solares
tejió el Supremo Numen su inmaculada veste.
Sus senos palpitaban como tranquilos mares
de pentélico mármol. ¡Oh, prodigio celeste!

Y en el aire sutil su acento indescriptible,
su voz, como no oyeran nunca oídos mortales,
vibró tal un milagro de dulzura imposible
en un triunfal repique de sonoros cristales:

«Lírico adolescente, ve a cumplir tus empeños;
que tu espíritu sea una candente pira;
musicaliza tus ensueños,
sé divino por el alto don de la Lira.
En el rosado cáliz que áureas mieles rebosa,
da de beber a tu alma sedienta de ideales;

¡Psiquis es una mariposa
que, al revolar, se posa
sobre la carne rosa de las rosas carnales!

Sé ingenuo, como el agua de las puras cisternas
o el remanso que copia todo el celeste cielo;
y así verás triunfar la aurora de tu anhelo
y será tuyo el reino de las cosas eternas.

Y salvarás las duras verdades metafóricas
del hondo abismo de Ti mismo
y escucharás las claras músicas pitagóricas
desde la noche de tu abismo...

La fuente de Hipocrene surte dentro de ti;
duerme Pan en el pecho noble del adanida;
auscúltate en la sombra, mírate, lee en Ti,
¡como en un libro abierto de Verdad y de Vida!

Calla al interrogante del Porvenir que ofusca,
yérguete alto y sereno en la gracia del día
rosa;
y, en toda cosa,
eternamente busca
la Armonía, la Armonía, la Armonía...»

Así dijo la Diosa...
En éxtasis devoto,
mi espíritu escuchó la divina enseñanza...
Al levantar los ojos, miré el encanto roto:
la visión se esfumaba en la azul lontananza.
La selva parecía un corazón inmenso,
los dulces frutos de oro lloraban ambrosía,

respiraba la Tierra un como leve incienso.
¡Yo estaba de Ti lleno, augusta Poesía!

Entre los arabescos de las ramas floridas,
en que el rocío era un diamantino lloro,
estaban las estrellas esparcidas
como un reguero de átomos de oro.

¡Y, al estrellar sus ímpetus en rocas,
para delectación de la floresta,
el río completaba aquella orquesta
de ramajes, de brisas y de bocas...!

La absorta muchedumbre desde entonces me ha visto
—los ojos incendios por la sagrada fiebre,
la frente coronada de espinas como Cristo,
las manos temblorosas de melenudo orfebre—

desdeñando las fútiles cosas del Universo,
consagrar mi existencia al apolíneo rito;
así tiene mi vida la armonía de un verso
y es rítmico sollozo lo que naciera grito.

E indiferente al Tiempo y al Dolor, peregrina
por la ignorada senda mi espíritu romero,
mientras, en la asechanza de la sombra asesina,
¡vanamente me envía sus flechas el Arquero!

LAS VOCES INEFABLES

(1915-1916)

Crepúsculo de Asia

Vírgenes rosas inclinaron hacia
tus cabellos la red de tus pistilos
al beso de los astros, intranquilos,
por tus pupilas húmedas de gracia.

Tal una araña que a la luz espacia
los traidores urdimbres de sus hilos,
se proyectó la sombra de los tilos
en tu balcón de vieja aristocracia...

Trémulas al prodigio de tu encanto,
como anegadas en celeste llanto
te contemplaron las estrellas fijas.

¡Y era un triunfo de reinas diademadas
en las Mil y una Noches perfumadas
del mundo sideral de tus sortijas!

Hora santa

Los espejos de límpida mirada
con una voluptuosa complacencia
copiaban tu imperial magnificencia
de blondas y de seda perfumada.

Las bujías de ardiente llamarada,
en el salón de asiática opulencia,
fingían, circundando tu presencia,
los ojos de una fiera hipnotizada...

Un llanto largo y musical vertía
Chopin en una rara melodía...
huyeron ritmos como sueños vanos...

Flotó un perfume de yacentes lilas,
¡y ante la inmensidad de tus pupilas
dejé mi corazón entre tus manos!

La respuesta

Muda a mis ruegos, impasible y fría
en el sofá de rojo terciopelo,
un pálido jazmín hecho de hielo
tu enigmático rostro parecía.

La hostia solar, en roja eucaristía,
se ocultaba en el mar; y, al dulce cielo,
el divino Chopin su desconsuelo
en un sollozo trémulo decía.

Y cuando, por oír esa palabra
que eternos lutos o venturas labra,
te hablé de tu desdén y mi agonía,

con ademán de reina mancillada
me clavaste el puñal de tu mirada,
muda a mis ruegos, impasible y fría.

Junto al mar

Una anemia de lirios otoñales
se deshojaba en la amplitud marina,
y la vibrátil onda cantarina
recitaba exquisitos madrigales.

Y era que en un arpegio de cristales
elogiaba tus gracias de Infantina
y tu perfil de emperatriz latina
nimbado de fulgores ideales.

De pronto se borraron los confines;
un eco de lejanos burcelines
rasgó los terciopelos de la bruma.

Y soñando en tus manos irreales,
en las arenas deshojó la espuma
una anemia de lirios otoñales.

Vesper marino

Rugió el lascivo mar a la manera
de un sátiro de barbas temblorosas,
al poner tu presencia en la ribera
su gracia peculiar sobre las cosas.

Joyas raras y sedas olorosas
prestigiaban tu dulce primavera
y al deshojarse tus palabras era
cual si estuvieran deshojando rosas.

Hubo un silencio de éxtasis en todo,
el mar violento suspiró a su modo...
lloraron en la niebla las esquilas...

Y me halló de rodillas el Poniente
viendo abrirse los astros dulcemente
en el cielo otoñal de tus pupilas.

Intermezzo

La seda de tus lánguidas pestañas
a proteger tus ojos descendía,
ante la encantadora bicromía
de las aristocráticas arañas.

Un solemne mutismo de campañas
al Vesper nuestras almas invadía;
y, de súbito, habló la melodía
con un dulzor de pastoriles cañas...

Para escucharla, se detuvo el viento...
a la maga caricia de su acento,
vibró tu carne de escultura, viva;

la noche se durmió en tu cabellera
y, besando las lilas de tu ojera,
se perfumó una lágrima furtiva...

Preces en la tarde

Tules de nieblas sobre las campañas
velaban los contornos de la quinta
y ascendía, en la tarde de áurea tinta,
la égloga suspirante de las cañas.

Desenrollaba su monstruosa cinta
la negra procesión de las montañas
y evocaba el temblar de tus pestañas
nuestra felicidad por siempre extinta...

Entre las sombras, un gemir de esquilas
anunciaba las horas dolorosas...
vagaron por el prado tus pupilas...

Y, a punto de elevar sus oraciones,
tus labios se encendieron con las rosas
divinas de las Transfiguraciones.

ESTANCIAS

(1914)

Se han unido la hora, el piano y tu cuerpo,
para hacerme morir de nostalgias fragantes.
JUAN RAMÓN JIMÉNEZ

¡Qué rosas de armonía deshojas a la tarde,
cuando sobre las teclas —lirios blancos y negros—
insinúan tus manos, en un lírico alarde,
las finas carcajadas de los locos allegros!

La agonía del sol pone de oro la estancia...
los verdinegros árboles son vagamente rojos...
y, desde el corazón —búcaro de fragancia—,
sube un dulzor de lágrimas que hace nublar los ojos.

Feuille d'Album

Tienes esa elegancia lánguida y exquisita
de las pálidas vírgenes que pintó Burne y Jones
y así pasas, como una visión prerrafaelita,
por los parques floridos de mis vagas canciones...

Y si el cielo azulado tu mirar extasía,
cuando el Poniente riega sus fantásticas flores;
eres como esos ángeles, que alabando a María,
se ven en los retablos de los viejos pintores.
De la gasa inconsútil de tu rosa batista

surges, vibrante, en una danza de bayaderas.
(¡Te juro que en la corte del gran Tetrarca hubieras
obtenido la roja cabeza del Bautista!...)

Bailas y el blanco sátiro, que decora la estancia,
sonríe desde el ángulo, coronado de viña...
(Y mientras me conmueve tu mirada de niña,
estremece mi carne tu lasciva fragancia...)

Dulzuras maternales de la hora matutina...
bajo cielos que evocan los caprichos de Goya,
mueven los frescos árboles su ropa esmeraldina
que el sol de primavera fastuosamente enjoya...

Suenan voces de niños... cristales de agua clara...
trina el mirlo... en la calle, cruje la diligencia...
en esta hora parece que del Azul bajara
una sedosa lluvia de paz y de inocencia...

Horas de intimidad y secreta armonía...
en la paz melodiosa de las tibias estancias
son nuestros corazones, ebrios de melodía
dos rosas que confunden en una sus fragancias...

¡Qué lejos está el Mundo de nosotros, qué lejos
la existencia liviana!... (las luces amarillas
de las arañas doran el piano y los espejos...)
Mi espíritu, en silencio, te adora de rodillas...

Sueño (en el jardín)

Inmóvil duerme el agua del estanque aceituna
bajo las melodiosas cúpulas florecidas,

y, como Ofelia en Hamlet va el cuerpo de la luna,
inerte, sobre el lecho de las ondas dormidas...

Las dos... soñando en Ella, por la avenida voy...
mis brazos la presienten y mi labio la nombra...
¡Inútil idealismo! si únicamente soy
una sombra que busca las huellas de otra sombra.

Deja sobre tu seno que caiga mi cabeza...

Sur votre jeune seine laissez rouler ma tete...
PAUL VERLAINE

Deja sobre tu seno que caiga mi cabeza,
como un mundo cargado de recuerdos sombríos;
y dime la palabra santa y única, esa
palabra que consuela mis perennes hastíos...

O, mejor, calla... deja que en el silencio blando
de la extinguida tarde, sobre divanes rojos,
me siente agonizar lentamente mirando
cómo se llenan de astros los cielos de tus ojos.

Como el aire se aroma con tu carne bendita,
mi corazón comprende por el lugar que pasas,
omnipotente como la divina Afrodita,
entre una ola sutil de flores y de gasas.

Y al mirarte parece que miro a Anadyomena,
pues, como ella, al influjo de tu mirar, fascinas;
—sembradora impasible de mi angustia y mi pena,
por quien mi alma es un Cristo coronado de espinas—.

Estancias

Aquella dulce tarde pasaste ante mi vista
soberbia, en el decoro de tu vestido rosa;
inefable, irreal, melodiosa, imprevista,
como si abandonara su plinto alguna diosa.

Y perfumando la hora de lilas, te perdiste
al fondo de la calle, cual tras una áurea gasa...
¡Mis ojos te seguían, con la mirada triste
que lanza un moribundo a la salud que pasa!

*****

Se abren tus dos pupilas como dos precipicios
por los que ruedan almas al sueño y a la nada.
(¡Mujer, dame a probar tus dulces maleficios;
húndeme el luminoso puñal de tu mirada!...)

Surgen tus manos breves, lánguidas y perdidas,
como lirios carnales, de las batistas claras...
(¡Yo pienso que gustoso te daría mil vidas,
para que con tus manos finas me las quitaras!)

*****

Señor, no ha recorrido mi planta ni siquiera
la mitad de la senda, de que habló el Florentino,
y estoy en plena sombra y voy a la manera
del niño que en un bosque no conoce el camino.

De profundis clamavi. Pastor de corazones,
da a mi alma el fuego que hizo de la hetaira una santa;
renueva los milagros de las resurrecciones;
espero, como Lázaro, que me digas: ¡Levántate!

***

Ni una ansia, ni un anhelo, ni siquiera un deseo
agitan este lago crepuscular de mi alma.
Mis labios están húmedos del agua del Letheo.
La muerte me anticipa su don mejor: la calma.

De todas las pasiones llevo apagado el fuego,
no soy sino una sombra de todo lo que he sido
buscando en las tinieblas, igual a un niño ciego,
el mágico sendero que conduce al olvido.

***

Esposa Inevitable, dulce Hermana Tornera,
que al llevarnos dormidos en tu regazo blando
nos das la clave de lo que dijo la Quimera
y en voz baja respondes a nuestros cómo y cuándo;

apenas si fulgura mi lámpara encendida,
derroché mis tesoros como una reina loca,
me adelanté a la cita y, al margen de la vida,
¡ha dos siglos que espero los besos de tu boca!

Por donde Ella pasaba la tragedia surgía;
tenía la belleza de una predestinada,
y una noche de otoño febril aparecía
en sus ojos inmensos y oscuros, retratada...

Y fue bajo el auspicio del padrino Saturno
que deshojé a sus plantas mi juventud florida...
¡Desde entonces padezco de este mal taciturno
que hace una noche eterna del alba de mi vida!

***

Velada del sábado

Marcha la luna trágica entre nubes de gasa...
sin que nadie las toque se han cerrado las puertas...
El miedo, como un lobo, pasea por la casa...
se pronuncian los nombres de personas ya muertas...

El abuelo las lámparas, por vez octava, prende...
se iluminan, de súbito, semblantes aturdidos...
Es la hora en que atraviesa las alcobas el duende
que despierta, llorando a los niños dormidos...

***

Hastíos otoñales... ya nada me entusiasma
de cuanto me causara infantiles asombros
y así voy por la vida, cual pálido fantasma
que atraviesa las calles de una ciudad de escombros.

Y mi alma, que creía la Primavera eterna
al emprender sus locas y dulces romerías,
hoy ve, como un leproso aislado en su caverna,
podrirse lentamente los frutos de sus días.

***

Para los que llevamos, como un puñal sutil,
dentro del alma una ponzoña;
para los que miramos nuestra ilusión de abril
hecha una mísera carroña;

inútilmente suena tu pandero de histrión
—¡oh, vida frívola y banal!—
si no es de nuestros labios la divina canción
primaveral y matinal.

***

Amor, di, ¿qué senderos se gozan a tu paso?
¿Cuáles los reyes magos a que sirves de guía?...
¿Qué rubicunda aurora, qué sonrosado ocaso
vio tu carro de fuego en el triunfo del día?...

¡Ah, si tu alba luciera para mi noche obscura!
¡Si mis rosas se abrieran temblorosas a verte!,
¡se endulzaría el hondo cáliz de mi amargura
con el néctar con que haces tan amable la Muerte!

***

Bendigo el sufrimiento que viene de tu mano
y el vértigo radiante en que tu voz me sume.

Mi amor es para Ti como un jardín lejano
que a una alcoba de reina envuelve en su perfume.

Y eternamente oirás en tus noches sin calma
mi sombría plegaria que, rugiendo te invoca:
Al precio de mi sangre y al precio de mi alma,
¡véndeme la limosna de un beso de tu boca!

***

—¡Qué lejos aquel tímido y dulce adolescente
de este vicioso pálido triste de haber pecado!...
—¡Tomó del árbol malo la flor concupiscente
y el corazón se ha envenenado!...

—...¿Y la luz verdadera?... ¿Y la absoluta paz?...
¿Y la cifra segura de la Sabiduría?...
—¡Da tregua al Tiempo, iluso corazón, ya entrarás
al gran silencio donde llegaremos un día!...

Velada

Tú —cuyo amor ha sido como un lecho de plumas
para mi corazón, en las difuntas horas,
o como un sol de invierno que ha dorado mis brumas—
ángel anunciador de las nuevas auroras;

mientras la lluvia pone su vaho en las vidrieras,
hablemos en voz baja de los muertos queridos
y se abrirán las rosas de falsas primaveras
a la débil penumbra de los sueños huidos...

Es nuestra alma lo mismo que una estancia desierta,
de polvosas molduras, de raso desteñido
y de espejos que copian una imagen ya muerta;

por ella los recuerdos dejan sus sepulturas
y en alcoba sin nadie sus blancas vestiduras
vierten un suave olor de ultratumba y olvido.

LIBRO DE AMOR

(1915-1917)

El templo

A Miguel Ángel Granado y Guarnizo

I

Oh, Deidad impasible, por quien blasfemo y oro:
tu alma es como un palacio de mármol, bello y frío,
con plafones de cedro y altivas puertas de oro,
solemne y armonioso, como un templo vacío.

En diáfanos ponientes hay la gracia de un vuelo
de leves sedas blancas, de cisnes y palomas;
y, entre las columnatas, elevan hasta el cielo
sus espiras sensuales humaradas de aromas.

La luz de un sol eterno, que solo igualaría
el tibio resplandor que velan tus pestañas,
su claridad celeste difunde noche y día...

A las puertas de tu alma mi amor está llamando...
y el eco de su voz se pierde en las montañas...
y, cual si comprendiera, ¡el sol se va ocultando!

II

Llamé a tu corazón... y no me has respondido...
pedí a drogas fatales sus mentiras piadosas...
¡En vano! Contra ti nada puede el olvido:
¡he de seguir de esclavo a tus plantas gloriosas!

Invoqué en mi vigilia la imagen de la muerte
del Werther germano, el recuerdo suicida...
¡Y todo inútilmente! ¡El temor de perderte
siempre ha podido más que mi horror a la vida!

Bien puedes sonreír y sentirte dichosa:
el águila a tus plantas se ha vuelto mariposa;
Dalila le ha cortado a Sansón los cabellos;

mi alma es un pedestal de tu cuerpo exquisito;
y las alas, que fueron para el vuelo infinito,
¡como alfombra de plumas están a tus pies bellos!

Tapiz

Los húmedos myosotis de tus ojos
sugieren claros lienzos primitivos
con arcángeles músicos de hinojos
y santas de los góticos motivos.

Copiaron esos místicos sonrojos
los ingenuos maestros primitivos,
y dieron los myosotis de tus ojos
a sus Evangelistas pensativos...

Virgen de las polícromas vidrieras,
los sahumerios y los lampadarios:
velan tus sueños todas mis quimeras
y, ante el cortejo de tus primaveras,
dan su mirra y olor mis incensarios.

Votos

Al verte, sin pensar, se dice ¡Ave María!...
y pues es tuyo el reino de la estrella y la rosa
y está en tu corazón la sacra Poesía
por gracia de una antigua virtud maravillosa;

que suenen tiorbas y arpas; y Salmo y Letanía
se digan en tu elogio: que la lira y la rosa
y el ciego ruiseñor, al expirar el día,
unánimes saluden tu aparición gloriosa.

Que con voz auroral de fuente diamantina,
y con luz vesperal de estrellas cristalinas,
y con apasionada voz de brisas y mares.

Cielo y Tierra consagren tu venusino imperio...
¡Yo sonaré en tu gloria mi místico salterio
en otro salomónico Cantar de los Cantares!

Sin razón

Dime, ¿qué filtro da tu boca
en su divino beso cruento,
que hace vibrar mi carne loca
como a la débil hoja el viento?

¿Con qué fórmula cabalística
mi pena rindes dulcemente,
cual la celeste Rosa Mística
hace inclinar a la serpiente?

Di, ¿dónde ocultas el secreto
de esta maga fascinación?
¿algún venusino amuleto
me ha ligado a tu corazón?...

En vano quiero descifrar
la causa de mi rendimiento;
como la luna sobre el mar
luz móvil es mi pensamiento...

En tus leves manos estruja
mi espíritu sin voluntad:
¡eres la playa a do me empuja
la ola de la Fatalidad!

Citeres

Con el fru-fru sedoso de femenil enagua
deshilaba en la costa sus encajes el agua...

¡Oh, la isla melodiosa!
surgía de las ondas como una enorme rosa
primaveral, o el cuerpo de una niña,
era la voluptuosa
isla donde vendimia Amor su roja viña...

¡Oh, ingenuas albas! ¡Oh, inocencias! Era
en la frescura de mi Primavera
blanca de lirios opulentos. Sobre
el mar azul marchaba mi galera.
Sonaba el viento sus eolias flautas
y daba el mar su fragancia salobre
que fue el incienso de los argonautas.

Y sonó entonces el erótico
llanto de las oceánides, en las rubias arenas;
soplaban caracoles rosados las sirenas;
se cerraron los párpados bajo el influjo hipnótico,
y el triunfo fue de las sirenas...
Al fin, dejé esas playas... (Descendía la noche
Ulises, en la sombra, me daba su reproche...)

Blancos miembros desnudos
de mujeres quedaban en la playa fragante;
y teñidos de sangre vi sus brazos menudos
al temblor luminoso de una estrella distante...

Me incorporé... (¡Mordía en mis carnes el frío...!)
y miré mi corazón palpitando en sus manos;
llevé mi mano al pecho... y lo encontré vacío...
¡Y seguí, oyendo el ritmo de los astros lejanos...!

Pretérita

Te había soñado hija de un antiguo mar grave,
en un negro castillo cerca del Rin azul;
unánimes al ritmo de tu sonrisa suave
charlaban las alondras en el fresco abedul.

Tu perfumada sombra cantaban los poetas
(eran los bellos días de Erec y Parsifal)
y tus ojos velados cual oscuras violetas
causaron la locura de un príncipe feudal.

Los nelumbos abrían a tus leves contactos...
A ti bogaban trémulos cisnes estupefactos
si tus pupilas de oro volvían al jardín...

Los nardos deliraban con tu cutis de azalea
y un pajecillo rubio que llegara de Italia,
mirándote imposible se suicidó en el Rin.

Hoja de álbum

Atraviesa la vida como un jirón de bruma
—¡tan exquisita y tan crepuscular!—
celeste y vaporosa, con levedad de espuma
o de aroma lunar.

No basta el verso diáfano para tu gracia suma
ni la cadencia rítmica del misterioso mar,
ni el trino de la alondra que sonrosa su pluma
en el parque de sol y aroma de azahar.

Es tuyo el melodioso imperio de la Aurora:
el grupo de los cisnes que el estanque decora
canta el advenimiento de tu azul primavera;

la noche se detiene, al umbral del ocaso,
por la embriaguez de olores que da tu cabellera...
¡Y el corazón del Mundo late bajo tu paso!

Romanza de los ojos

Cálido estío de tus grandes ojos.
Negras flores en selvas encantadas,
que abre la reina de los claros ojos
el alba de las manos sonrosadas.

Lámpara astral de tus miradas puras.
Pálida luz de sol convaleciente
que cuida, bajo sus dos alas puras,
un rubio serafín adolescente...

Otoño triste de tus ojos dulces.
Crepúsculos de seda y pedrería
que cierra el soplo de tus labios dulces,
tu sacra hermana la Virgen María.

Amada

¡El duro son de hierro tornaré melodía
para cantar tus ojos! —violetas luminosas—
la noche de tu negra cabellera y el día
de tu sonrisa, pura más que las puras rosas.

Tú vienes con el alba y con la primavera
espiritual, con toda la belleza que existe,
con el olor de lirio azul de la pradera,
y con la alondra alegre y con la estrella triste.

La historia de mi alma es la del peregrino
que extraviado una noche en un negro camino
pidió al cielo una luz... y apareció la luna;

pues estaba de un viejo dolor convaleciente,
y llegaste lo mismo que una aurora naciente,
en el momento amargo y en la hora oportuna.

Voces en la sombra

Al espíritu lírico de Abraham Valdelomar

Está en el bosque, sonrosada,
la luna de la madrugada.

El negro bosque rememora
lo que miró desde la aurora:

Se recuerda, temblando, una hoja
del Lobo y Caperuza Roja;
del áureo son del olifante
del Rey de barbas de diamante
habla la eufónica espesura
donde claro eco perdura;
cuenta el césped que fuera alfombra
al paso de una leve sombra,
y al ligero trote lascivo
del dios de las patas de chivo...

De una polífona armonía
se puebla la selva sombría...

Mas, cuando dice una voz: «Ella,
la Diosa, el Ídolo ha pasado»...

pensando en su blancor de estrella
el negro bosque se ha callado...

Estampas románticas

I

Cuando en el clave lloran los antiguos motivos
—esas pavanas gráciles, aquellas pastorelas—
en la áurea cornucopia se ven rostros furtivos
y se aspiran fragancias de olvidadas esquelas.

Todo el noble Pasado secular y doliente
duerme entre seda y púrpura en la estancia fastuosa,
y su alma delicada y exquisita se siente
vagar en el silencio como una mariposa...

Esos vasos de Sevres... esos perfumes viejos...
hasta el reloj inmóvil en la negra consola
evocan tanto... ¡A veces se mira en los espejos
a una Infanta que pasa con su traje de cola!

II

El paisaje es de fábula... de ensueño... hasta la luna
suscita la ilusión de mágicos países...
El jardín encantado, cuando suena la una,
entre un perfume de almas ve mil espectros grises.

Como un niño extraviado, mi pensar errabundo
va por otras edades doradas y distintas...
(El jardín no parece ya un jardín de este mundo,
irreal, sin la voz de sus fuentes extintas...)

Tapiz descolorido de grandes rosas rojas
y magnolias nevadas es la triste alameda...
Y el alma ultrasensible, al caer de las hojas,
cree oír el rumor de tu enagua de seda.

III

Encanto mustio, frío encanto versallesco
del boudoir... Empañado cristal de las arañas...
Del celeste plafond, donde se admira un fresco
de Mignar, cuelgan áureos hilos de telarañas...

Pende, ya desdorado, de la pared desnuda
el espejo que viera el mohín de Madama;
mientras algún abate decía un epigrama
casi mordiendo el raso de su oreja menuda...

El elegante osario del lindo tiempo ido,
hoy, parece la estancia de esfumados aromas,
donde es tal el silencio que se escucha el ruido
que hacen, al taladrar los muebles, las carcomas...

IV

En este parque antiguo —que tanto se parece,
por su abandono y paz, al jardín de mi vida—
el pájaro que canta, la flor que se estremece,
nos hablan dulcemente de una edad extinguida.

Sobre todo hay un sitio —donde un Eros de piedra
dispara eternamente sus flechas diamantinas—
en que huelen a carne las hojas de la yedra
y se ven dulces nombres en las viejas encinas.

Y, a la anémica luz del crepúsculo lila,
se yerguen vagas formas de una época lejana...
¡Y la blanca teoría fantástica desfila
como al ceremonioso ritmo de una pavana!

V

Por las salas azules, melancólicamente,
va la luna arrastrando sus vestidos de novia,
al desplegar las brisas, en los parques floridos
con un rumor de seda, las alas temblorosas...

Bajo el claro de luna, enigmático y triste,
diseña en el azul de la noche armoniosa,
un castillo que se alza sobre el feudo de antaño,
las finas esbelteces de su silueta gótica...

Y a las doce, al regar sus azahares el astro,
se esparce una fragancia de leyendas remotas...
y se escuchan los pasos furtivos de las dueñas...
y un rechinar de goznes de ventanas musgosas...

VI

Mayo en el huerto y en el cielo
ARTURO BORJA

Las rosas del crepúsculo de la tarde de mayo,
como una fresca lluvia —rosadas, amatistas—
descienden a las casas... El sol es un desmayo
de lumbres, idealiza las flotantes batistas...

Voces que hacen pensar en magnolias y armiños
conmueven el fastuoso silencio de las salas...
Las horas, perfumadas de inocencias de niños,
pasan sobre la frente con dulce roce de alas...

Sobre los sueños puros de nueva primavera,
un júbilo de bronces en el aire se espacia...
Y la brisa errabunda parece que dijera:
«Dios te salve María, llena eres de gracia...»

DIVAGACIONES SENTIMENTALES

(1915-1916)

I

Vida de la ciudad: el tedio cotidiano,
los dulces sueños muertos y el corazón partido;
vida exterior y hueca, vida falsa, ¡océano
en que mi alma es igual a un esquife perdido!

No. Dame el reino puro del Silencio exquisito,
la Soledad, de blancos pensamientos florida
y la torre interior abierta a lo Infinito,
más allá del Dolor, del Tiempo y de la Vida.

Donde mi corazón —urna de melodía—
vierte en un verso triste su lírico tesoro;
y duerme en tu regazo —¡oh, sacra Poesía!—
frente al lirio, a la estrella, al tibio ocaso de oro.

II

¡Sirena, cómo turba tu voz engañadora!
¡Cómo haces dulce el lloro y agradable el tormento!
Fontana cristiana del parque de la aurora,
que nunca has de apagar la viva sed que siento.

Atalanta, que alegras con tus labios risueños
mis neuróticas noches de muchacho enfermizo;

Esfinge, que te yergues frente a mis locos sueños;
¡Arcángel!, que me niegas la entrada en el Paraíso...

Por la Nada huye el Tiempo en su carro triunfante
—¿quién podrá detener el curso de lo Eterno?—
¡Abre, divina dueña, la puerta de diamante:
no importa que tu alcázar llamen cielo o infierno!

III

Princesa de los ojos floridos y románticos
que vierten una suave luz purificadora,
por quien deshojo todos los lirios de mis cánticos
y hay en mis negras noches esplendores de aurora;

sé que tus manos leves no estrecharán las mías,
ni probarán mis labios lo dulce de tu boca;
que por el lago azul de mis melancolías
no pasará tu esquife blanco de reina loca;

y, sin embargo, te amo desesperadamente
y como un ciego voy tras tus amadas huellas;
o elevo mis canciones, ¡como un niño demente
que alza las manos para alcanzar las estrellas!

IV

Toda mi inútil gloria no vale lo que el oro
de tu risa o un rayo de tu mirar profundo.
Mujer, carne de nardos y de estrellas, tesoro
celeste que ilumina la conciencia del mundo.

¡Tú, que haces florecer jazmines en el lodo,
y siendo fuente humana das el divino verso,
tienes por arma el llanto, la risa, el beso, todo
lo fragante y lo puro que tiene el Universo!...

¡Mujer, Diosa o Esfinge, mi corazón quisiera
ser una roja adelfa a tu seno prendido,
que tu boca —rosado vampiro— me sorbiera
la nostálgica y pura fragancia de mi vida!

V

Como esos monjes pálidos de que hablan las leyendas,
espectros de las negras, crujías conventuales,
yo quiero abandonar las escabrosas sendas
en que urde el Mal sus siete laberintos fatales.

Encerraré en un claustro mi dolor exquisito
y a solas con mis sueños cultivaré mis rosas;
mi alma será un espejo que copie lo Infinito,
más allá del humano límite de las cosas...

Tal ha de ser mi vida de paz... hasta que un día,
en la devota celda, me encuentren los Hermanos,
moribundo a los pies de la Virgen María,
¡teniendo tu amarillo retrato entre mis manos!

OTRAS ESTAMPAS ROMÁNTICAS

(1916)

I

Daba el heno cortado su olor y su frescura
y el sonámbulo río su monótona música.
Iba en el cielo azul, como una reina impúdica,
la luna sonrosada, soñolienta y desnuda.
La sombra de las ramas, en las aguas obscuras,
jugaba, azul y triste, sus mil danzas confusas;
y, luminosa escarcha, arrojaba la luna
su polvillo de plata sobre las rosas húmedas.

II

Como una sombra fría baja la niebla lila...
el sol es eso triste, sin color, que se mira
en las aguas palúdicas, entre flores podridas.
Como el agudo llanto de una niña
se oye la voz lejana del río que tirita...
tiemblan las hojas de oro al respirar la brisa
su congelado soplo sobre la tierra lívida...
danzan llamas alegres en todas las cocinas...
y aúlla, a las cerradas puertas de la alquería,
el viento, como un lobo con hambre y sin guarida.

III

Fantasmas blancos en los miradores
y llanto de los pianos a las estrellas, sones
que apagan las cortinas y los tapices; roces
de largos trajes, leves como de apariciones,
temblando en los espejos amarillos; rumores
que expiran con la luz del horizonte...
Y son cosas de sueño; melodías informes
sonando en penumbrosos laberintos; y voces
de lo Desconocido que llegan en la Noche.

IV

La noche es un suspiro azul que tiembla
sobre el obscuro sueño de la Tierra.
El parque es un silencio perfumado... aletea,
como un pájaro herido, torpe, la brisa negra.
Se corta la palabra de la fuente, reseca,
en la taza de piedra.
Se va a acabar la vida... soñolientas
las hojas cabecean.
Y cae sobre el alma la tristeza
igual que sobre un muerto, un puñado de tierra.

BALADAS, REMINISCENCIAS Y OTROS POEMAS

(1916-1917)

Balada de la melancolía otoñal

A E. Bustamante y Ballivián

Ya en la otoñal y brumosa alameda
vuelan los últimos cálices de oro
y en tus nerviosas pestañas de seda
queda temblando una lágrima de oro.

El surtidor su romanza masculla,
siempre más triste en la noche cercana.
Dime, Princesa, la historia que arrulla
y hace olvidemos la Muerte cercana.

Dime la vieja leyenda armoniosa
que habla de aquella Princesa difunta:
así pondremos mortaja de rosa
a la divina Esperanza difunta...

Pálido amor que los sueños enlutas,
toma el mirar a la luz de la vida:
viene a nosotros por místicas rutas
la barca negra del mar de Ultra-Vida...

¡Tú, que obstinada las albas esperas,
entre tus sedas, tus rosas, tus joyas!
Mas, no vendrá la Anunciada que esperas
cuando la aurora derrama sus joyas...

Hacia la noche voló nuestro sueño
—blanca hipsipila con alas de gloria—
¡pero, en el claro jardín del Ensueño,
velan las puras estrellas su gloria!

Reminiscencia griega

A Wenceslao Pareja

Pan recobró su otoñal caramillo
y hace vibrar la dorada floresta,
y es en un claro del bosque amarillo
danza rosada de ninfas en fiesta.

Sombra desnuda temblando en la brisa
siempre más fina, más suave, más leve,
mientras el agua la imagen precisa
de piernas rosas y cuerpos de nieve.

De lo más negro del bosque fragante,
como la sangre se va de la herida,
fluye la voz pastoril y galante
del armonioso instrumento panida.

Suave se riza la hierba menuda
bajo el jazmín de los pies nacarados,
y va borrando la danza desnuda
la sombra gris de los sueños pasados...

¡Y es un dolor armonioso, una angustia
imprecisable, una amargura ambigua,

ver tan lejana la dulce edad mustia
y la belleza de esta tarde antigua...!

Reminiscencia siglo XVIII

Vaga el dolor por la antigua vereda,
donde marmóreo Sileno retoza,
del dieciocho vestido de seda
en la ducal y dorada carroza.

Eran Trianón y la Arcadia —artificio
que hizo más suaves las ásperas horas—
el pastoril y bucólico vicio
de las divinas marquesas pastoras.

Eran los iris, las joyas temblantes
y las espumas de los surtidores;
la sombra azul en los kioscos galantes
y el sonreír de los lindos Amores.

Eran los mórbidos brazos de lira
inclinaciones de blancas pelucas
y Pompadour y la cruel Lindamira
y los lunares en las rubias nucas.

Ardiente roce de la mano cauta
y acariciante boca diminuta...
era el idilio al sonar de la flauta
del verde fauno de la barba hirsuta...

¡Oh, siglo lindo! —amarilla viñeta,
rasos, perfumes, risas, terciopelos—,
que tuvo un viejo y galante poeta:
Pablo Verlaine que se encuentra en los cielos.

Envío:

Apolonida: a las voces lejanas
de la siringa del fauno sonoro
ponen oído las musas hermanas
en el dormido crepúsculo de oro.

Un manantial melodioso de lloro
tiembla en la flauta de risas paganas,
Apolonia, a las voces lejanas
de la siringa del fauno sonoro.

Amanecer cordial

A Aurelio Falconí

¡Oh, no abras la ventana todavía,
es tan vulgar el sol!... La luz incierta
conviene tanto a mi melancolía...
me fastidia el rumor con que despierta
la gran ciudad... ¡Es tan vulgar el día...!

Y ¿para qué la luz?... En la discreta
penumbra de la alcoba hay otro día
dormido en tus pupilas de violeta...
Un beso más para mi boca inquieta...
¡Y no abras la ventana todavía!

Danza oriental

A *Víctor Hugo Escala*

Danza la danza caprichosa...
(¿Tórtola?... ¿Salomé?...)
Y tras el fino velo rosa
sonríe Astarté.

En el crepúsculo amatista
llena la gracia del jardín
Bulbul saluda la imprevista
Danza... ¡salve Mahanaím!...

Panderos y timbalería
Kaleidoscopio es el pie
rosa vibrante de armonía
(Tórtola y Salomé).

Es Occidente y es el Asia,
pálida y desnuda,
si bien se mira esa su gracia,
es un don de Buda.

Acompaña a sus deliciosas
maneras rituales

un desplegar de alas fastuosas,
de pavos reales.
Como a compás de una rapsodia
nieve las túnicas brillantes;
son su custodia
ceremonias elefantes.

Junta a los graves ademanes
burla de los labios;
y saben más que los brahmanes
esos labios sabios.

Hipnotizados la ven los
siete vicios —siete leopardos—.
Y, en cada mano, mueren dos
sedientos nardos.

Un cuento

Está Lisete, la Infantina,
cerca del mar,
escuchando la sonatina
crepuscular.

Y una azafata dice: Dueña
le contaré
una leyenda, alba risueña,
que yo me sé.

Responde la niña con leve,
dulce mohín,
y ya impaciente mueve el breve
rojo chapín.

—El viejo rey de la Isla de Oro
poseía
un rubio y cándido tesoro
—luz y ambrosía—.

Y ese divino tesoro era
una hija linda;
celosa estaba la Primavera
de la princesa Rosalinda.

Mil príncipes iban a verla
y enloquecían
apenas su faz color de perla
rosa veían...

Pero la niña era curiosa
y cierta vez quiso mirar
la espuma que el Alba sonrosa
del viejo mar.

Y sola fuese hasta la orilla,
mejor no fuera,
porque al mirar tal maravilla
en la ribera,
robósela un monstruo marino,
y Poseidón
guardó a la niña en submarino
torreón.

Y, cuando la negra mar delira,
se pone a llorar,
como una vaga y dulce lira
crepuscular.

La primera estrella

Subió la Infanta a la terraza,
a la sombra del abedul,
y delataron su presencia
mariposas de alas de tul.

Irguió columnas de diamante
el melodioso surtidor,
soñando serle blanda alfombra
agonizó más de una flor.

Para poder, en sus pestañas
de seda rubia, se asilar
el crepúsculo tembloroso
prolongaba su agonizar.

De pronto, rasgando su seno,
como una flecha de marfil
hacia el azur, leve suspiro
dejó su cárcel princesil.

Tomó el mensaje perfumado
adolescente serafín
y lo prendió, como una estrella,
en una nube de carmín.

La libertadora

A M. E. *Castillo y Castillo*

Desde mi torre de marfil
miro la vida que discurre.
Mi alma romántica y sutil
suspira, sonríe y se aburre.

Hay un jardín de negras rosas,
hay un jardín de blancos lirios:
son mis tristezas negras rosas,
mis ilusiones blancos lirios.

A veces, en el aire azul,
solloza el viento un miserere,
huye un ave de alas de tul:
es algún lirio que se muere.

Y tantos son los que se han muerto,
calladamente, uno por uno,
que el jardín va a quedar desierto
y pronto no ha de haber ninguno.

Ya queda de mi Primavera
solo un olor a rosa seca...

y mi alma espera, espera, espera,
hilando sueños en su rueca.

Espera oír en el confín,
al dulce final de su suerte,
la voz aguda del clarín
de la Muerte.

Caerán las duras cadenas,
se abrirá la puerta de hierro:
y, entre un perfume de azucenas,
¡el alma saldrá de su encierro!

Fiesta cromática en el mar

Desgranamiento de rubíes
y crujidos de seda rosa
romper las gasas carmesíes
y de púrpura temblorosa.

Ópalos, granas y berilos
en las ondas aurirrizadas,
que a las rocas de duros filos
dejan de luces consteladas.

Sobre los riscos y peñones
se diría que alguien hubiera
volcado las constelaciones
o prendido la Primavera.

El Mar, al áureo mediodía,
es un tapiz de reina asiática;
en él vibra la sinfonía,
la gran sinfonía cromática.

Materialízase un utópico
cuento leído en las Mil y Una;
sobre el divino mar del Trópico
pasa en su carro la Fortuna.

La móvil onda dice: ¡Vida!
con femenil volubilidad;
del cielo la comba inmedida,
serena, dice: ¡Eternidad!

El pobre espíritu suspenso,
estático y turbado está
frente a las olas y al inmenso
absoluto del Más Allá...

Ya el rojo es pálido... las olas
toman un tinte de turquí...
Y ya son mustias amapolas
las que eran rosas de rubí...

Pronto esta fantasmagoría
irá en la noche a fenecer,
y será, luego, su agonía
un divino palidecer.

¡Y en el crepúsculo marino,
sobre el azul plafond astral,
pondrá una estrella su perlino
punto final!

La Emperatriz

A César E. Arroyo

Mueven al aire rosa sus alas los pavones...
Huella la Emperatriz la escalera de jade
y su traje de luna y áureas constelaciones
de un aroma inefable los jardines invade.

Sus ojos de luz tibia y de mirada sabia
hacen palidecer astros y pedrerías;
su carne macerada en ungüentos de Arabia,
de nardo ungieron siete noches y siete días.

Lagrimea una estrella en el cielo escarlata...
Reza el ángel del éxtasis su faz de terciopelo
y un anhelo infinito su corazón dilata...

(enlazan alma y cielo pensamientos hermanos...
y en sus diáfanos ojos se ve pasar un vuelo
de vagamundos ibis hacia reinos lejanos).

Aparición

Lloraba perlas la fontana armónica,
las dalias descubrían sus sonrojos,
cuando pasó triunfal y salomónica
la Emperatriz de los celestes ojos.

Tornaba en mi divino clavileño
de una excursión solar hollando abrojos;
y me sonrió, en un éxtasis de ensueño,
la Emperatriz de los celestes ojos.

Rimaba un grillo su sonata abstrusa,
agria a la luz de los ponientes rojos.
Y era Diosa y Esfinge, Lira y Musa
la Emperatriz de los celestes ojos.

Iba hacia su blancura de alabastro
cuando me victimaron sus enojos...
Y se desvaneció en la luz del astro
la Emperatriz de los celestes ojos.

SUSPIRIA DE PROFUNDIS

(1917)

El tesoro

Con nuestras propias manos temblorosas
tejemos nuestro bien y nuestro mal;
¡y deshojamos nuestras propias rosas
como en un juego trágico y banal...!

Y después, al mirar el alma pobre,
es la angustia y desesperación
de ver trocado en monedas de cobre
todo el oro de nuestro corazón...

El cazador

A *Luis* G. *Urbina*

Satán es cazador furtivo en la celeste
selva donde divaga el místico redil
y, como un joven sátiro, en la dulzura agreste,
suena la tentación de su flauta sutil.

¡Ay del que oyera el canto del Malo!, quien oyera
la perversa sirena del Pecado Mortal,
ni rasgando su carne poseída pudiera
extirpar la ponzoña del hechizo fatal.

Y bien lo sabes tú, melodiosa alma mía,
alondra cantarina en la clara armonía
del bosque donde pulsan los Coros sus laúdes,

tú, que del Cazador en las manos lascivas,
en las velludas manos, viste llevar cautivas
a las siete palomas de tus siete virtudes.

Las hadas

Las hadas que tejían mis ensueños,
en la dulzura de mi abril en flor,
las hadas que tejían mis ensueños,
dulces, abandonaron su labor...

En cortas primaveras y risueños
días celestes de mi abril en flor,
fui pródigo del oro de mis sueños
con generoso gesto sembrador...

Mujer, rosas canción, sonrisa franca,
todo se fue con la mañana blanca...
el Odio abrió la herida carmesí...

¡Canción mujer, sonrisa franca, rosas...
cifré mi dicha en tan livianas cosas
que, por mi futileza, la perdí!

Ofrenda a la Muerte

Muda nodriza, llave de nuestros cautiverios,
¡oh!, tú, que a nuestro lado vas con paso de sombra.
Emperatriz maldita de los negros imperios,
¿cuál es la talismánica palabra que te nombra?

Puerta sellada, muro donde expiran sin eco
de la humillada tribu las interrogaciones,
así como no turba la tos de un pecho hueco
la perenne armonía de las constelaciones.

Yo cantaré en mis odas tu rostro de mentira,
tu cuerpo melodioso como un brazo de lira,
tus plantas que han hollado Erebos y Letheos;

y la serena gracia de tu mirar florido
que ahoga nuestras almas exentas de deseos
en un mar de silencio, de quietud y de olvido.

De profundis clamavi

Señor, ved nuestras almas, en sus duros encierros
donde no hacen la luz vagas filosofías,
vírgenes arrojadas desnudas a los perros
cuando apenas se encienden las rosas de sus días.

En vano hemos buscado, por diversos caminos,
la ruta azul que lleva a la ideal Bizancio...
y hoy vamos hacia el puerto de tus brazos divinos,
pobres de voluntad y exangües de cansancio...

A idolatrías locas nuestro amor ofrendamos,
cuando Placer y Vida creímos infinitos...
y hoy, a tus pies, aquellos despojos arrojamos,
atados con la cinta de los sueños marchitos.

Poema de la carne

¡Carne del asesino, maldita podredumbre
que pende de las horcas en fúnebres racimos
y muestra a las pupilas de ávida muchedumbre
la malévola herencia que todos recibimos!...

¡Oh, carne de los mártires, Gloria in excelsis Deo;
que de Nuestro Rey Cristo son divinas cosechas!
¡Oh, labios siempre abiertos al consuelo de un Creo!
¡Divina vestidura traspasada de flechas!...

¡Oh, carne de las vírgenes que la inocencia armiña,
nieve, azucena, estrella, lirio, polar campiña
donde no puso Amor a la llama de su planta!

¡Hostia, carne de Dios para la cena mística,
y que, por el milagro de la gracia eucarística,
a nuestra carne inmunda une su carne santa!

Soneto de otoño

A Amado Nervo

¡De nuevo son las rosas de octubre, Otoño mío!
Han escondido el sol en una cueva obscura...
y los pálidos dedos del inmortal Hastío
estrujan —rosa seca— mi pasada ventura.

¡Lacerante recuerdo de la extinta dulzura
que toma vanamente al corazón vacío!...
Perdimos el sendero y la noche perdura
—¡la noche!— y aún no brilla tu luminar, ¡Dios mío!

Los años son guirnalda florecida
—pensamos— una fiesta es nuestra vida...
e hicimos una fiesta de toda ella...

Pero sonó el Destino inexorable su hora
y el brusco despertar nos anunció la aurora
verdadera, la aurora sin flor y sin estrella.

El viajero y la sombra

A *Ernesto Noboa y Caamaño*

A los que hemos mirado —en una noche horrenda—
nuestra cabecera la faz de la Ignorancia,
puesto que comprendimos, se nos cayó la venda
y tenemos la ciencia de la sonrisa helada.

Y vimos —presentimos más— la cosa estupenda
y la tiniebla en que se hundirá nuestra nada
y la noche absoluta en la perdida senda
sin amores, sin albas, sin fin de la jornada.

No obstante, cautelosos, en nuestra ceguedad,
vamos hacia la fuente de Piedad y Verdad...
¡Pero el mayor suplicio es ignorar el puerto

y, en la tormenta hostil que nuestro sueño enluta,
el ser como un navío, cuyo piloto muerto
y aferrado al timón, no puede darle ruta!

El alba de Jesús

Señor, en mí me busco y no me encuentro...
¿Dónde la claridad del nuevo día
cuya luz inmortal fulgura dentro
del corazón sin pena ni alegría?

Tú eres la paz, y yo soy la contienda;
tú eres la luz, la noche va conmigo...
Mis ojos, ciegos por la negra venda,
no distinguen amigo ni enemigo...

¡Pero una voz en mi interior te nombra
y dulcemente hacia tu fin me lleva,
porque tú estás en mí como en la sombra
la luz celeste de la aurora nueva!

Lo tardío

Madre: la vida enferma y triste que me has dado
no vale los dolores que ha costado;
no vale tu sufrir intenso, madre mía,
ese brote de llanto y de melancolía.
¡Ay! ¿Por qué no expiró el fruto de tu amor,
así como agonizan tantos frutos, en flor?

¿Por qué, cuando soñaba mis sueños infantiles,
en la cuna, a la sombra de las gasas sutiles,
de un ángulo del cuarto no salió una serpiente
que, al señor sus anillos a mi cuello inocente
con la flexible gracia de una mujer querida,
me hubiera libertado del horror de la vida?...

¡Más valiera no será este vivir de llanto,
a este amasar con lágrimas el pan de nuestro canto,
al lento laborar del dolor exquisito
del alma ebria de luz y enferma de Infinito!

La canción del tedio

¡Oh, vida inútil, vida triste,
que no sabemos en qué emplear!
Nos cansa todo lo que existe
por conocido y por vulgar.

¡Nuestro mal no tiene remedio
y por siempre hemos de sufrir,
la cruel mordedura del tedio
y la ignominia de vivir!

¡Frívolos labios de mujeres
nos brindan su hechizo fatal!
¡Infeliz del que oyó en Citeres
la voz del Pecado Mortal!

Vuelan las almas amorosas
hacia los ojos de abenuz,
e igual a incautas mariposas
queman sus alas en la luz.

Pero no tienta al alma mía
dulce mirar o labio pulcro...
Yo pienso en el tercero día
de permanencia en el sepulcro.

Tras de los éxtasis risueños
con luna y aves en la brisa,
se deshacen nuestros ensueños,
como palacios de ceniza.

Tened de amor el alma llena
y perderéis en la aventura...
eso es hacer casa en la arena
como nos dice la Escritura.

Invariable, solo el fastidio;
siempre es el viejo spleen eterno.
El negro lago del suicidio
es la antesala del Infierno.

Idealiza, ten el anhelo
del águila o de las gaviotas,
ya volverás al duro suelo,
Ícaro, con las alas rotas...

Un palimpsesto es nuestra vida:
Dios en él borra, escribe, altera...
mas la última hoja es conocida:
una cruz y una calavera...

Señor, cual Goethe no te pido
la luz celeste con que asombras,
dame la noche del olvido:
yo quiero sombras, sombras, sombras...

Estoy sediento, no de humano
consuelo, para mi aflicción:

¡quiero en el lirio de humano
abandonar mi corazón!

Como una inútil alimaña
que se arroja lejos de sí,
¡anhelo arrancarme la entraña
que palpita dentro de mí!

Y con aquella calma fría
del que un precipicio no ve
¡iré a buscar mi paz sombría,
no importa a dónde... pero iré!

Las alas rotas

En continuas orgías cuerpos y almas servimos
a los siete lobeznos de los siete pecados:
la vid de la Locura de sus negros racimos
exprimió en nuestras bocas los vinos condenados.

Pálidas majestades sombrías y ojerosas,
lánguidos oficiantes de pintadas mejillas
se vieron coronados de nuestras frescas rosas
y en la Misa del Mal doblamos las rodillas...

¡Y acabado el festín —al ensayar el vuelo
hacia el puro Ideal— como heridas gaviotas
las almas descendieron al putrefacto suelo,
asfixiadas de luz y con las alas rotas!

Inter umbra

¡Cómo estás en tu negro calabozo de arcilla,
en vigilia perenne sepulta, oh, alma mía!,
¡en el fango del mundo hincada la rodilla,
tú que eres toda luz y gracia y armonía!

¡Gota azul de la sangre divina de los astros,
que el Destino vertió en un ánfora pobre!
¡Arquitectura eximia de oros y alabastros
hundida para siempre bajo el mar salobre...!

En el confín rosado ya se anuncia la hora ...
Gabriel mueve sus alas en el campo celeste...
¡vuelve desde tu noche a la límpida aurora,
y que sepan los astros el color de tu veste!

La noche

Mi corazón solloza en su prisión sombría
y endulza, suspirando, la noche de su encierro;
mi alma es un ave lírica de un parque de Armonía
cuyas almas, cautivas, golpean contra el hierro.

Señor: ¿no saldrá mi alma de su prisión obscura?...
¿Nunca veré el celeste país que me ofreciste?
Ansío paz, la paz que tu Evangelio augura...
¡Tan grande es mi cansancio de todo lo que existe!

Fin

Cuando la Noche negra amenaza la Tierra
el búho abre los ojos y la paloma los cierra;

así suena mi júbilo su caracol sonoro
con la fragante risa de la mañana de oro;

y, en las anubarradas noches de duelo y llanto,
como una alondra tímida, enmudece mi canto.

POESÍAS ESCOGIDAS

Selección de
Gonzalo Zaldumbide

(1914-1918)

Por la ruta verdadera

A José María Egas M.

Aúnan mi pensamiento
inquietud y serenidad.
Mi orientación es la del viento,
la del mar mi estabilidad.

El ojo negro de mi abismo
para mi guiña dondequier;
mas, de la noche de mí mismo
hago un continuo amanecer.

Y como una hojita liviana
voy camino de mi verdad:
al que es hoy, ayer y mañana,
Nunca, Siempre y Eternidad.

***

Mi amor siempre ha sido por las leves formas,
por las sutilezas... No busquéis las normas
de mi pensamiento:
no las ha tenido,
si algo lo condujo, su mentor ha sido
el mismo de la onda, la nube y el viento.

Después...

Se extinguirán mis años, ardiendo como cirios
a tus plantas; las rosas
de mis ensueños, mustias por los días,
regarán a tus pies, sus difuntas corolas.

Y habrá un sol que ilumine
mi cuerpo —ya sin alma—, negra copa
vacía de una esencia de infinito... y el sueño
será definitivo...

¡Pero, entonces, tú sola,
releyendo los versos en que me llamo tuyo,
mis besos, hecho llanto, sentirás en la boca
y escucharás, de súbito, reteniendo tus lágrimas,
una voz que te llama, despacito, en la sombra!

Estancias

Dime que todo ha sido la sombra de un mal sueño,
en la tiniebla actual palpita el alba pura,
que puede retornar el minuto abrileño,
las extinguidas horas colmadas de dulzura.

Que nuestro amor es Lázaro, que aguardando su día
espera tu palabra para olvidar su fosa,
que sobre este dolor y esta melancolía
arrojará la autora su risa luminosa.

***

Al pasar la carroza dorada de la vida,
implorando extendí la mano suplicante.
Ella me vio, lo mismo que una reina ofendida
y se perdió en la sombra de la noche fragante.

Y fue para volver: en su carroza de oro,
sonriéronme sus ojos impuros de esmeralda,
pero yo conocía qué vale su tesoro;
¡la miré indiferente y le volví la espalda!

***

No dicen los inviernos que no haya primavera;
en la noche más negra palpita el alba pura:
lo sabio es esperar; es fuerte quien espera
—buen sembrador— velando la cosecha futura.

Las horas en su danza llevan tan loca prisa,
que a la risa y el llanto ofrecen pronto fin:
feliz quien pueda ver con la misma sonrisa
la serpiente del bosque y el lirio del jardín.

***

Ignorado viajero que una mañana triste
sobre la tierra-madre, para siempre dormiste
el eterno cansancio de tus días fatales;
hoy que la primavera nos devuelve su trino
de pájaro, su sol y sus rosas nupciales,
siento que algo de ti me hace dulce el camino,
me da sombra en el árbol y miel en los panales.

***

¡Bien haces, rey; bien haces, pordiosero, tu rol;
y tú también, poeta; y los demás... comparsas!
—Perfectos figurantes de un extraño Guiñol:
¡somos polichinelas de las divinas farsas!

Releyendo mis versos, una tarde dorada,
—versos donde contuvo mi pena su alarido—
impasible a mi viejo dolor, no sentí nada...

Y comprendí el canto del alma volandera
—¡árbol sonoro y libre, por cada Primavera
de musicales hojas nuevamente vestido!—

***

Por inasible adoro la gala de los cielos...
¡Señor, jamás permitas que goce mis anhelos,
que nunca satisfaga la sed que me devora!...

Lo amargo es el hastío de los sueños hallados,
el corazón ahíto de los bienes gozados
que se pregunta: ¿qué voy a pedir ahora?...

***

Putridini dixi; Pater mea est;
meter mea et soror mea, vermibus.

J<small>OB</small>

En tanto que la carne adormécese ahita
el ángel interior gime sus desconsuelos.
¿Todo esto es el amor?... ¡Oh, miseria infinita
de la carne!... ¡Dolor de la verdad sin velos!...

Y psiquis —revestida de luz resplandeciente,
con ojos parecidos a las piedras preciosas—
hacia los cielos puros agita dulcemente,
con un celeste ritmo, las alas armoniosas...

***

126

Convalecencia...

Es como un lento y triste retornar a la vida...
y es el inevitable cansancio de volver
del borde de la negra playa desconocida,
donde mueren tus olas, ¡oh, río del No-Ser!

Y el alma que creía mirar la aurora eterna,
vuelve, cual un iluso viajero macilento
que fue a calmar su sed a lejana cisterna,
equivocó el camino... y ¡torna más sediento!

***

En vano, como niños que velan su tesoro,
del amor nuestras almas, temerosos, guardamos...
¡Ay! presto nos descubren sus grandes ojos de oro
y, malhechor divino, roba lo que ocultamos...

Nutrimos su existencia con nuestra propia vida;
y sus labios, que vierten sensuales embelesos,
juntan en una mezcla de caricia y herida
el sabor de la sangre al sabor de los besos.

La fuente triste

I

Al par te implora y te mima
en mi canto mi tristeza:
te solloza cada rima
y cada estrofa te besa.

II

Dices que no tienen motivo mis penas,
pues las lloro mías cuando son ajenas...
¡Ay! ese es mi encanto:
llorar por aquellos que no vierten llanto.

III

Como Dios me ha dado don de melodía,
en música pongo mi melancolía:
que el llanto mejor
es ese que rueda con dulce rumor.

IV

Cuando mi tributo reclames —¡oh Muerte!—,
dulce reina mía, ¿qué podré ofrecerte?...
¡Te daré mis alas?... ¡Ay!, pero mis alas
mancharon de cieno las pasiones malas.

¿Te daré mi llanto?... Mi llanto, bien sé,
como lo prodigo, que ni eso tendré.
Mas, como algo puedes, te dará mi amor
lo único que tengo propio: mi dolor.

V

Ya me ofrezcan rosas o me den espinas,
yo bendigo siempre tus manos divinas.
Corazón del que ama es como la rosa:
perfume la mano de quien la destroza.

VI

Hora en que te conocí,
hora de Anunciación,
hora azul en que cantaba
la alondra de la Ilusión;

hora de armiño y de seda,
sobre la que Dios bordó
tu monograma y el mío
en el telar del Amor.

VII

El mundo jugó en mis sueños,
la Mujer con mi corazón
y la llama de mi fe, pura,
sopló Satán y la apagó.

Y, pues, Mundo, Demonio y Carne
en mi alma vertieron su hiel,
cuando venga por mí la Muerte
poca cosa tendrá que hacer.

VIII

En vano es que tu clara risa de oro
me intente consolar... y, aunque lo pueda,
hoy mi tristeza es mi único tesoro
y, si tú me la quitas, ¿qué me queda?...

IX

No despiertes sorprendida
de que amanezca a tal hora:
se ha adelantado la Aurora
para mirarte dormida.

X

Fuera el mayor embeleso
de mi réproba alma loca
ir al Edén de tu boca
por el camino del beso.

XI

Tan levemente resbalas
sobre la asiática alfombra,
que mi ternura se asombra
de no mirarte las alas.

XII

Por tu desdén se convierte
toda caricia en herida
y tu mirada es la vida...
pero a mí me da la Muerte.

XIII

La enfermedad que yo tengo
mi corazón solo sabe;
como él nunca la dirá,
nunca ha de saberla nadie.

La sabe el claro de luna
y el parque gris: ¡preguntadles!...
La sabe el viento que pulsa
las liras crepusculares...

XIV

Mis versos la están diciendo
y no la comprende nadie...
la enfermedad que yo tengo
en silencio ha de matarme.

XV

Mi corazón goza en tus
pupilas de noche inerte
la dulzura de la muerte
en un abismo de luz.

Lamentaciones del melancólico

No alegra la sabiduría
porque la pena es conocer,
y causa la melancolía
nuestra sola razón de ser.

El prurito de analizar
nos ha perdido,
y el huracán del anhelar
lanzó nuestra nave en el Mar
desconocido...

***

¡En la actitud del que ya nada espera
nos embriagamos de teorías vagas,
soñando hacer brotar la Primavera
de la infección de nuestras propias llagas!

¡Señor, contra tu Ley pecado habemos
y, en vez del alma dulce que nos diste,
en el día final te ofrecemos
un corazón leproso, viejo y triste!

Dulce Jesús, comprendo: toda sabiduría
que de ti nos aleja, causa nuestra amargura,
y nuestras alas débiles sobre la tierra obscura
se agitan vanamente hacia el eterno día.

¡Nuestra mentira, nuestra verdad: cuánta ironía,
ante el amor que pasa y el dolor que perdura,
hasta venir la Reina cuya región sombría
empieza donde acaba todo lo que no dura!

Yo también, como tú, por piedades divinas,
tengo mi cruz y tengo mi corona de espinas,
una sed infinita que mitigar no puedo.

Y como tú, sollozo, Jesús crucificado:
Padre mío: ¿por qué me habéis abandonado?
Sufro tanto... estoy solo Señor...
y tengo miedo.

Aniversario

¡Hoy cumpliré veinte años: amargura sin nombre
de dejar de ser niño y empezar a ser hombre,
de razonar con Lógica y proceder según
los Sanchos profesores de Sentido Común!

¡Me son duros mis años —y apenas si son veinte—,
ahora se envejece tan prematuramente,
se vive tan de prisa, pronto se va tan lejos
que repentinamente nos encontramos viejos,
enfrente de las sombras, de espaldas a la Aurora,
y solos con la Esfinge siempre interrogadora!

¡Oh, madrugadas rosas olientes a campiña
y a flor virgen! —entonces estaba el alma niña—,
y el canto de la boca fluía de repente
y el reír sin motivo era cosa corriente.

Iba a la escuela por el más largo camino
tras dejar, soñoliento, la sábana de lino
y la cama bien tibia, cuyo recuerdo halaga
solo al pensarlo ahora; aquel San Luiz Gonzaga
de pupilas azules y riza cabellera
que velaba los sueños desde la cabecera.

Aunque yendo despacio, al fin la callejuela
acaba, y estábamos al frente de la escuela
con el «Mantilla» bien oculto bajo el brazo
y haciendo, en el umbral, mucho más lento el paso.
Y entonces era el ver la calle más bonita,
más de oro el sol y más fresca la mañanita.

Y después, en el aula, con qué mirada inquieta
se observaban las huellas rojas de la palmeta
sonriendo, no sin cierto medroso escalofrío,
de la calva del dómine y su ceño sombrío...

Pero ¿quién atendía a las explicaciones?...
¡Hay tanto que observar en los negros rincones!
y, además, es mejor contemplar los gorriones
en los hilos; seguir el áureo derrotero
de un rayito de sol o el girar bullanguero
de un insecto vestido de seda rubia o una
mosca de vellos de oro y alas color de luna.

¡El sol es el amigo más bueno de la infancia!
¡Nos miente tantas cosas bellas la distancia!
¡Tiene un brillar tan lindo de onza nueva! ¡Reparte
tan bien su oro que nadie se queda sin su parte!
Y por él no atendíamos a las explicaciones.

Ese brujo Aladino evocaba visiones
de las Mil y una Noches, de las Mil Maravillas,
y beodas de sueños nuestras almas sencillas,
sin pensar, extendían las manos suplicantes
como quien busca a tientas puñados de brillantes.

¡Oh, los líricos tiempos de la gorra y la blusa
y de la cabellera rebelde que rehúsa
la armonía de los peinados maternales,
cuando íbamos vestidos de ropa nueva a misa
dominical, y pese a los serios rituales,
al ver al monaguillo soltábamos la risa!

¡Oh, los juegos con novias de traje a las rodillas,
besos inocentes que se dan a hurtadillas
a la bebé amorosa de diez o doce años,
y los sedeños roces de sus rizos castaños
las rimas primeras y las cartas primeras
motivan insomnios y producen ojeras!...

¡Adolescencia mía: te llevas tantas cosas,
que dudo si ha de darme la juventud más rosas!
¡y siento como nunca la tristeza sin nombre
de dejar de ser niño y empezar a ser hombre!...

¡Hoy no es la adolescente mirada y risa franca,
sino el cansado gesto de precoz amargura,
y está el alma que fuera una paloma blanca,
triste de tantos sueños y de tanta lectura!

1918

El encuentro

Nos volvemos a ver, amada de otros días,
casualmente: la vida tiene sus ironías
y nos une, un instante, para que recordemos
nuestras horas de abril que perdidas tenemos.

Tal vez ni me conoces: el tiempo ha transcurrido
tan veloz (la mujer es propensa al olvido)
quizás ni recuerdes dónde estuvo alojado
tu corazón, por nuevos huéspedes ocupado.

¡Cuándo ibas a pensar que en este hombre sombrío
hallarás al que un tiempo llamaste, amado mío;
que esta boca, reseca de beber amargura,
fuera la que probaron tus labios con hartura,
y que a ese que nombrabas mi dueño... vida mía...
digas señor y usted!... ¿Verdad que es ironía?

Los dos somos distintos: tú llevas traje largo,
yo cambié mi sonrisa con un rictus amargo,
después de los dieciocho pienso de otra manera:
ya no creo en la Gloria, probable o venidera;
eso sí: sigo haciendo mis versos cada día.

Yo no puedo llorar, pero mi poesía
llora por mí; ¡son dulces y tienen tal encanto
las tristezas rimadas, los dolores en canto!
Yo creo que las penas algo valen si de ellas
conseguimos hacer unas páginas bellas...

¿Soy yo mismo, soy yo, el que te amaba antaño
quien te ve indiferente?... Fue deplorable engaño
el bautizar eterno al frágil amor nuestro,
cuando el Tiempo, en la sombra, sonreía siniestro.

¡Ay! nuestro corazón es el mar. ¿Quién augura
el color de sus ondas en el alba futura? ¿Caprichos?...
¿Veleidades?... ¡Bah!... Quizás el encanto está en la alter-
nativa de carcajada y llanto,
estar hoy en un sitio y mañana estar lejos,
y verse en nuevas almas como en nuevos espejos...

¡Ah, cabecita loca, alma pueril y vana
que eternizar pretendes la abrileña mañana
y detener el tiempo con tu manita leve:
ni con todos tus soles fundirás esta nieve!...

Y bien, ¡adiós! Me vuelvo a mi sombra, a mi obscuro
cuchitril de poeta, donde vivo seguro
de que nadie me quite mi dolor, donde puedo
soñar, llorar un poco, sin que me asalte el miedo de ser
cursi... Tú, sigue haciendo la existencia
menos amarga, con tu adorable presencia,
al prendista tu esposo... Me voy antes que hiele
(tu marta cibellina reta a los fríos, huele
a Dañe en noir tu cuerpo tibiecito...) ¡Ah!, chiquilla,
¿qué tiene si nos marcháramos los dos a mi boardilla?

El precepto

Deja la plaza pública al fariseo, deja
la calle al necio y tú enciérrate, alma mía,
y que solo la lira interprete tu queja
y conozca el secreto de tu melancolía.

En los brazos del Tiempo la juventud se aleja,
pero su aroma nos embriaga todavía
y la empañada luna del Recuerdo refleja
las arrugas del rostro que adoramos un día.

Y todo por vivir la vida tan de prisa,
por el fugaz encanto de aquella loca risa,
alegre como un son de campanas pascuales;

por el beso enigmático de la boca florida,
por el árbol maligno cuyas pomas fatales
de emponzoñadas mieles envenenan la Vida.

Danse d'Anitra

A Juan Verdesoto

Va ligera, va pálida, va fina,
cual si una alada esencia poseyere.
Dios mío, esta adorable danzarina
se va a morir, se va a morir... se muere.

Tan aérea, tan leve, tan divina,
se ignora si danzar o volar quiere;
y se torna su cuerpo un ala fina,
cual si el soplo de Dios lo sostuviere.

Sollozan perla a perla cristalina
las flautas en ambiguo miserere...
Las arpas lloran y la guzla trina...
¡sostened a la leve danzarina,
porque se va a morir... porque se muere!

Palabras de otoño

A Miguel Ángel Barona

Guárdate tus sonrisas: mi corazón hastiado,
como fruto en sazón, a la tierra se inclina;
la senda ha sido larga, amiga: estoy cansado
y quisiera gozar de mi hora vespertina.

Odio aquellos amores de folletín: mi herida
no mendiga limosnas de piedades ajenas;
yo tengo una tragedia y se llama Mi Vida;
para escribirla usé la sangre de mis venas.

Mi otoño anticipado me vuelve reflexivo;
me encuentras casi triste, sereno, pensativo;
no siento las delicias del flirt, es la verdad.

Mi espíritu se orienta hacia la eterna autora,
hasta que la clepsidra de Dios anuncie la hora
de ser con mi señor para la eternidad.

Epístola

Al espíritu de Arturo Borja

Hermano, que a la diestra del Padre Verlaine moras
y por siglos contemplas las eternas auroras
y la gloria del Paracleto,
un mensaje doliente mi cítara te envía,
en el cuello de nieve de la alondra del día,
cuyo pico humedecen las mieles del Himeto.

Ya no se oye la voz de la siringa agreste,
ni un vuelo de palomas rasga el velo celeste,
ni el traficante escucha la flauta del Panida;
los augures predicen la extinción de la raza;
Sagitaria hacia el Cisne con su flecha amenaza;
pronto será la estirpe del Arcade extinguida.

Sobre el mar, del que un día olímpico deseo
hizo surgir, como una perla rosa,
el cuerpo de Afrodita victoriosa,
hoy, solo de Mercurio se ha visto el Caduceo.

Los sacerdotes jóvenes del melodioso rito,
que han consultado el áureo libro de lo Infinito
y escuchando la música de las constelaciones,

recibieron los dardos de arqueros mercenarios;
y los viejos cruzados se yerguen solitarios
en el azul, lo mismo que mudos torreones.

Tú, que ves la increada luz del alba que ciega,
tú que probaste el agua de la Hipocrene griega,
ruega al Supremo Numen por la estirpe de Pan.
Mientras Zoilo sonríe, en la sombra conspira.
Tal la postrera frase que solloza la Lira.
Nuestros dioses se van. Nuestros dioses se van.

1916

Oración de Nochebuena

Infante-Dios: el pálido bardo meditabundo
canta el advenimiento del divino tesoro;
y, ante quien da su vida al corazón del mundo,
ofrenda su plegaria —su mirra, incienso y oro—.

No por el que celebra la gloria de tu pascua
entre rubios hervores de cálido champaña,
ni por el alma frívola, ni por la boca de ascua
en que el sofisma teje sutil hebra de araña...

Por los huérfanos niños, los de padres ignotos,
que esperan el presente real en la ventana,
y solo nieve encuentran en sus zapatos rotos,
a la rosada luz de la nueva mañana;

por esas pobres vírgenes que consume la anemia,
y víctimas inocentes de paternales vicios;
y por los melenudos hijos de la Bohemia
en quienes ha ejercido Saturno maleficios;

por la novia que espera y espera, eternamente,
la cimera de Orlando, el plumón de Amadís
o la voz de Romeo, hasta que un día siente

que un fúnebre enlutado la lleva dulcemente,
en su barquilla de ébano, a un remoto país;

por los meditabundos hijos de la Sophia,
los hermanos de Fausto, que huyendo del contacto
mundanal, se lanzaron a la tiniebla fría
del Ser y No-Ser, y sin luz y sin guía
perdiéndose en la noche suprema de lo Abstracto;

y por los vagabundos y por los atorrantes
que jamás conocieron la familiar dulzura,
por esos ignorados y tristes comediantes
de la tragicomedia de la Malaventura;

por el que en dolorosas horas de su vigilia
tomar por salvación el puñal o el veneno
y por el trotamundos sin pan y sin familia,
que inmoló a los sentidos cuánto en él era bueno;

por esos cuyos nombres son marca de ludibrio
—almas patibularias, lívidos criminales—,
por esos cuya marcha de atroz desequilibrio
acompañaban los siete Pecados Capitales.

Y por el Metafísico incansable que sufre
de un obsesor problema el torcedor eterno,
que es peor que llevar la esclavina de azufre
que Satanás ofrece al malo en el infierno.

Señor, y, sobre todo, por el triste Poeta,
en cuyo pecho vibra la perenne armonía,
por ser mago dueño de la virtud secreta
de hacer de sus dolores luz, sueño y melodía.

Por ellos mi oración llena de mansedumbre,
por ellos mirra, incienso y oro mis cantos den...
Vuelve tus ojos puros a aquella muchedumbre
y árboles el tesoro de tus gracias. ¡Amén!

1916

Soneto

¡Oh, silenciosa Reina, coronada
de sombras y de pálido asfódelo,
cuyos míticos ojos de consuelo
tienen el infinito en su mirada!:

¿Ha crujido la fúnebre enramada
bajo tu pie levísimo de hielo?...
Y ese rumor, ¿es el nocturno vuelo
de tu ligera sombra desolada?...

La brisa zumba en la terrasse desierta
y pronuncia, rozando las cortinas,
el nombre de una idolatrada muerta.

¡Hay ruidos de trajes en la alfombra
y yo no sé qué frases sibilinas
una voz de mujer dice en la sombra!

A una triste

A sor María de la Consolación

Al vago son de las celestes liras
del viento que divaga en la arboleda
cantas, y no se sabe si suspiras
o si es el ruiseñor quien te remeda.

Tus negros ojos de mirar doliente
no sé en qué cuadro de Rosetti he visto,
y me recuerdan inconscientemente
los ojos melancólicos de Cristo.

Amo por dolorosa tu belleza:
tu dulce faz de virgen mártir viene
coronada de mística tristeza.

Y vale más que todo lo que existe
tu romántico espíritu, que tiene
la suprema elegancia de lo triste.

1918

Actitud

Dedicado a N.A.C.

Loco rebelde a las duchas y a las camisas
de fuerza que se llaman teorías y problemas,
mi espíritu oye vagas palabras indecisas,
y con esas palabras suele hacer sus poemas.

Mi corazón no es cuerdo (claro, si es de poeta),
quintaesencia el dolor en un verso exquisito;
como el clown de Bancille él hará una pirueta
y de un salto mortal volará al Infinito.

Devana, ¡oh tiempo! —buen hilandero—, tu rueca;
yo tengo para todo bien o mal mi sonrisa
—una sonrisa triste como una rosa seca—,

e inquieto, siempre inquieto, buscándome en mí mismo,
como la nube a la voluntad de la brisa,
¡mi pensamiento va de un abismo a otro abismo!

El retorno

Y vuelves —brisa, nube, flor y trino—
para mi corazón, que nada espera,
a mis rotos palacios de quimera
sepultos en la arena del camino.

El dulzor de la extinta primavera
guarda mi corazón —vaso divino—,
como el rosado caracol marino
guarda el eco del mar en la ribera.

¡Oh, abril celeste, con el alma buena,
clara y sencilla, como la azucena,
como la estrella inaccesible y pura,

cuyo recuerdo mágico persiste
en un renacimiento de ternura,
al resplandor de tu mirada triste!

En el umbral de la noche

Infinito deseo de alas,
continuas nostalgias del vuelo:
corazón mío que te exhalas
como grano de mirra al cielo.

Beso, rosa, mujer y lira:
ya sé la vanidad de todo;
sé de la sierpe que conspira
contra la estrella, desde el lodo;

de la penumbra en que su flecha
aguza deidad vengativa;
del ojo del caos que acecha
nuestra miseria fugitiva.

¡Oh!, la ternura permanente
de caminar, ciego, en la sombra
y el temor de ver de repente
la faz de la que no se nombra.

Aquella angustia deliciosa
de esperar —sin hora ni día—
a la Emperatriz Silenciosa
que viene en la barca sombría.

¡Pues la fatal Guadañadora
tan recatada y dulce llega,
que no se ve la Segadora,
sino la siega!...

Feliz quien hizo sin saber
la mísera ofrenda mortal:
pues no tuvo que conocer
la espantosa angustia final.

¡Bienaventurado el infante
de clara pupila serena
que miró la vida un instante...
y se retiró de la escena!

¡No conocieron la tortura
de temer lo que ha de llegar,
este dolor, esta amargura
de esperar, siempre, de esperar!

El mendigo

¡Oh, angustia de querer expresar lo inefable
cuando, ave prisionera, una emoción agita
sus alas en la cárcel del verbo miserable
que no traduce en ritmos su dulzura infinita!

¡Ay, vale más el pájaro cuya garganta trina
su amor y su dolor, que la lengua del hombre,
cuya alma dolorosa lo Infinito adivina,
siente la Eternidad... y no sabe su nombre!

Somos como un mendigo que, teniendo un tesoro
en su alforja, suplica dádivas de la tierra...
¡Una vez que otra cae una moneda de oro
cuyo brillo denuncia lo que la alforja encierra!

Él

Él empieza donde acaban
Espacio y Tiempo: su faz
ve lo que es y lo que ha sido
y lo que siempre será;

la luz que hace su palabra
ningún viento apagará;
la mar le llama su brida
y su rienda el huracán;

Él solo, fuera del círculo
de todo vivir, está
siendo final y comienzo,
razón y letra inicial;

sus manos hilan los tiempos
y su profunda verdad
—invisible al ojo humano—
siempre tiene un Más Allá;

cuando atravieses los nueve
círculos de lo mortal,
hasta su presencia todo
en ti será eternidad.

La muerte enmascarada

Silenciosa y eternamente va a nuestro lado,
con paso sin rumor, enigmático y ledo,
grávido de misterios el rostro enmascarado,
seguido del horror, la tiniebla y el miedo.

Pasan las horas dulces en cortejo rosado,
y sonríen, yo intento sonreír... y no puedo,
porque, al saberme siempre por ella acompañado,
como quien ve un abismo súbitamente quedo.

Cuando pueblan la estancia las horribles visiones
que hace la Neurastenia surgir en los rincones,
entre los cortinajes de azul desconocido.

¡Ay, apagad las luces y velad los espejos!
Temo ver en sus lunas de borrosos reflejos,
junto a la Enmascarada, mi faz de aparecido.

El reloj

Tu juventud de música, de fragancia y de trino
huele a magnolias húmedas, a mojada reseca...
es un olor carnal y espiritual, un fino
olor que llevo en mí sin que olvidarlo pueda.

De tu blancura me habla el lucero divino,
el ruiseñor conoce tu voz y la remeda,
y la divagación del viento vespertino
trae el recuerdo de tus cabellos de seda.

Del luto de la ausencia mi corazón se viste...
y, porque te recuerdo, mi noche es menos triste,
pero resuena en mi alma, siniestro y agresivo,

este reloj que cuenta las horas de no verte,
y lo escucho lo mismo que un enterrado vivo
oyera un imposible comentario a su muerte.

El ingrato

Tú, que en la universal carnestolenda
ostentas, bajo el rostro sonreído,
mal pensamiento y corazón podrido:
ven, descansa a la sombra de mi tienda;

alégrate, sonríe, ten mi ofrenda
de frescas pomas; sacia en mi florido
huerto la sed del labio consumido
por el cansancio de la dura senda.

Bien sé que reposada tu fatiga
en silencio te irás y tu enemiga
mano mi copa colmará de hieles;

mas, a despecho de iras envidiosas,
siempre tendrán: mi pensamiento, rosas;
mis labios, rimas, y mis rimas, mieles.

Fragmento inédito de la *Divina comedia*

Vimos los laberínticos senderos interiores
—ideas como larvas y monstruos roedores—:
toda la fauna y flora que nutren el Espanto
y la Locura...

El aire sabía a sangre y llanto.
... Y llegamos al círculo postrer de condenados
y yo dije:

—Maestro, ¿y esos puños crispados?
¿y esos ojos de vértigo cuya mirada brilla
como la del felino que guarda su caverna?...
¿Y aquella faz exangüe de fiebre y pesadilla?

Y Él: —Es un buscador de la Verdad Eterna.

1919

Salutación

A don Remigio Crespo Toral, en su coronación

Desde la ebúrnea torre donde, como el latino
artífice, cincelo mi verso diamantino
—miel para la famélica jauría—,
pongo mi lira acorde al melodioso coro
de los címbalos rítmicos y las trompetas de oro
que dicen tu triunfo sonoro,
Rey de la clásica Armonía.

Yo, que rimé la música de las profanas Prosas,
lírico jardinero de las sensuales rosas,
en los vastos dominios del Príncipe Rubén,
te doy de mi incensario los más puros aromas,
mando laurel y mirto con mis blancas palomas
a decorar tu altiva sien.

Como una ronda griega cincelada en un vaso,
ronda de blancas ninfas que armonizan su paso
al mismo vago y dulce son,
suelto las mensajeras alondras de mi canto
hacia el bosque de lauro, de magnolia y acanto
en que resuena tu canción.

Rojos labios sonríen a tus labios. Patriarca;
el heráldico cisne su leve cuello enarca
al arrugar la brisa del mar el verde tul;
y avanza a la ribera del Sombrío Destino
tu nave, ¡oh, argonauta de un ensueño divino,
que despliegas del Arte el pabellón azul!

Triunfalmente conduces el alado Pegaso;
tu nombre llena el cielo del levante al ocaso;
la eterna luz nimba tu sien...

¡Y penetras, al son de cien liras sonoras,
al reino donde miran las eternas auroras
Homero, Dante, Hugo y Verlaine!

1917

El alma presa

A Modesto Chávez Franco

Las interrogaciones con que, en horas fatales,
queremos sondear la Esencia Verdadera,
son voces a la Esfinge siempre muda, señales
en la sombra que nadie ve de la otra ribera.

Sí; de nuestro dolor solo perdura
el eco sollozante a merced de la brisa.
¡Ay! de ese cuyos diarios vino y pan de amargura
no endulzan beso, canto o femenil sonrisa.

Bien sabemos que el polvo retornará a la tierra,
pero la carne a la vida se aferra,
¡y qué temor, oh, cielos, por nuestra leve arcilla!

¡Detente!... le decimos al minuto que pasa...
y cuando por nosotros vienen de la otra orilla,
gimiendo abandonados la miserable casa.

1918

La sombra de una lágrima

Y pregunté a la mágica sibila:
—¿Un constante recuerdo, un vago aroma
de sueño extinto, de ternura muerta,
como la suave estela de un perfume,
quedará de mi paso por la vida,
entre los hombres?...

Y la Maga dijo:
—Algo menos: la sombra de una lágrima.

Pues que me siento efímero...
pues que me siento efímero y fugaz; comparable
a la flor, o más bien a la nube variable,
amo las hebras de humo que una escala remedan
para los sueños líricos, y las olas que ruedan
hacia playas remotas que nunca he de mirar;

porque me hace la vida serena y resignada
el meditar que un día retornaré a la nada,
¡como el humo a los cielos y las olas al mar!

Algo de nosotros mismos

Algo de nosotros mismos
sube a buscar en el cielo
el ilusorio consuelo
de los azules abismos.

Bajo el dombo de zafir,
que hacia Dios simula un puente,
más que nunca el alma siente
la vanidad de vivir.

¡Ah, si quedaran siquiera
de nuestra vida los rastros,
como un polvillo de astros
del cielo de primavera!

¡Ah, si el ensueño inefable,
si el delirar amoroso
no tuvieran el dudoso
Trans-Vida siempre inmutable!

¡Si no fuera, por extraña
razón, fanal de la duda
la respuesta de la muda
señora de la guadaña!

Pues ella todo ha medido
y cura el ánimo inquieta,
con su oportuna receta
de larga dosis de olvido.

La extraña visita

Por la noche la Muerte las alcobas visita
donde dormimos nuestros apetitos bestiales
y, buen vendimiador, los frutos escogita
de sus vendimias eternales.

Una vez a mi lado llegó calladamente
y, cual si fuera un miembro próximo de familia,
me acarició las manos y me besó la frente;
y yo comprendí todo...

Y, desde esa vigilia,
ella marcha conmigo y se acuesta a mi lecho
y su mirar oscuro toda mi vida abarca...

¿No ves, por mi actitud que estoy como en acecho del
rumor con que boga su misteriosa barca?...

El alma en los labios

Para mi amada

Cuando de nuestro amor la llama apasionada
dentro tu pecho amante contemples extinguida,
ya que solo por ti la vida me es amada,
el día en que me faltes, me arrancaré la vida.

Porque mi pensamiento, lleno de este cariño,
que una hora feliz me hiciera esclavo tuyo,
lejos de tus pupilas es triste como un niño
que se duerme, soñando en tu acento de arrullo.

Para envolverte en besos quisiera ser el viento
y quisiera ser todo lo que tu mano toca;
ser tu sonrisa, ser hasta tu mismo aliento
para poder estar más cerca de tu boca.

Vivo de tu palabra y eternamente espero
llamarte mía como quien espera un tesoro.
Lejos de ti comprendo lo mucho que te quiero
y, besando tus cartas, ingenuamente lloro.

Perdona que no tenga palabras con que pueda
decirte la inefable pasión que me devora;

para expresar mi amor solamente me queda
rasgarme el pecho, Amada, y en tu mano de seda,
¡dejar mi palpitante corazón que te adora!

Diciembre, 1918

A un poeta

No llames una noche de llantos a tu vida,
ni pienses tu dolor tan hondo y duradero:
ofendes al que sufre la verdadera herida,
al hermano que calla su dolor verdadero.

Mercader de sollozos, profesional del llanto,
¡qué sabiamente expresas ignoradas angustias!
No son tales prodigios armónicos de canto
para labios resecos y para frentes mustias.

Gárrulo adolescente que la bella mentira
de tu tristeza acuerdas a suspirante lira,
¡calla!, tu voz insulta, con su pena sonora
al que suspira y nunca sabe por qué suspira,
al que llora y no puede decirnos por qué llora.

Tras mi irónica máscara

Encerré mi dolor en la celda
más secreta y oscura de mi alma;
y, avizor centinela,
a su puerta mi orgullo velaba.

Salí... De mi huésped ninguno
sospechó tras mi irónica máscara,
mas te vi: y al instante el recluso
escapóseme en lágrimas.

Y es una tristeza
más en la tristeza

A Jacinto Benavente

El lento son de la garúa
en la calle del arrabal
en mi corazón acentúa
la dolencia sentimental.

Simula con su intermitente
lagrimeo, la lluvia clara,
la voz de algún adolescente
lloroso, que silabeara.

Tiene también la vida oscura
su encanto, y la poesía
que pone en la diaria amargura
la divina melancolía.

¡Sed de ideal y de cielo!,
¡oh, lírica fiebre armoniosa!
¡y bien vales, infinito anhelo,
la pena que mi alma rebosa!

Yo digo: ¡Sufro, luego existo!...
El dolor afirma la vida;
mas, todo caso está previsto
¡y hay venda para toda herida!

Del abismo de lo que ha sido
al abismo de lo que ha de ser,
está el puente de lo vivido
y la actualidad del querer.

Está la linda boca fresca,
la dulce manzana carnal,
y nuestra vida funambulesca
tan líricamente anormal.

Se va con algo mío

Se va algo mío la tarde que se aleja...
mi dolor de vivir es un dolor de amar
y, al son de la garúa, en la antigua calleja,
me invade un infinito deseo de llorar.

¿Que son cosas de niño, me dices?... ¡Quién me diera
tener una perenne inconsciencia infantil,
ser del reino del día y de la primavera,
del ruiseñor que canta y del alba de abril!

¡Ah, ser pueril, ser puro, ser canoro, ser suave
—trino, perfume o canto, crepúsculo o aurora—
como la flor que aroma la vida... y no lo sabe,
como el astro que alumbra las noches... y lo ignora!

Voces

Cuando retornas, divina Primavera,
solloza el alma presa en su dolor cobarde...
Y una voz fresca y pura dice en mi oído: ¡Espera!
Y una voz melancólica grita en mi pecho: ¡Es tarde!...

En piélagos de duda boga mi pensamiento;
¿y qué hallaré —suspira— tras la dura jornada?
(De la voz fresca y pura no percibo el acento)
y la voz melancólica grita en mi pecho: ¡Nada!

Diálogo

Abril cantó en mi oído con sus rosas y brisas,
con fresca boca ríen las rosadas auroras,
la primavera esparce su guirnalda de risas;
¿por qué obstinadamente melancólico lloras?

Cipris ofrece el vino de sus purpúreas viñas,
Leda y el Cisne ensayan el dulce simulacro,
y son rubias manzanas los senos de las niñas
en cuyos labios tiernos palpita el himno sacro.

¡Bien sé —dije— cuánto dura la primavera,
comparable a la vida de la pompa ligera
de tules erizados que desvanece el viento!

Yo esperaré a la esposa que no falta a la cita,
en cuyos labios mora la verdad infinita
que rebusca mi espíritu de eternidad sediento.

Trova

Eres como esos paisajes
en donde la luna enreda,
sobre los quietos ramajes,
su blanco vellón de seda.

Tu amor, que me da la vida,
tiene la gracia discreta
de una lágrima escondida
en un cáliz de violeta.

Por exceso de pasión,
después de que te he besado,
se queda mi corazón
igual a un cielo estrellado.

Bajo la urdimbre de seda
de tu pestaña rosada
si alguna lágrima rueda,
goza tanto, que se queda
en tu pupila, extasiada.

Tus manos, lirios enanos,
dominaron mi altivez
y no son alardes vanos:

las rosas huelen después
que las tienes en las manos.

Al Ángelus

Atravesó la oscura galería...
al Ángelus... llamaban al rosario...
La religiosa voz del campanario
vibraba en la quietud de la Abadía.

En sus manos de nácar oprimía
el viejo Kempis o el Devocionario...
La luz de un aceitoso lampadario
delató su presencia en la crujía...

Se vio palidecer su faz de nardo...
hablaba de Eloísa y de Abelardo
el llanto de la fuente diluía.

Y la Sor que en el mundo fue princesa,
inclinada la pálida cabeza,
atravesó la oscura galería.

La muerte perfumada

Convaleciente de aquel mal extraño
para el que solo tú sabes la cura,
como un fugado de la sepultura
me vio la tarde, fantasmal y huraño.

Segó mis dichas la Malaventura
como inocente y cándido rebaño,
y bajo la hoz de antiguo desengaño
agonizaba mi fugaz ventura...

Cual destrenzada cabellera cana
la llovizna ondeó tras la ventana...
¡Y aquella tarde pálida y caduca,

sentí en mi dulce postración inerte,
la bella tentación de darme muerte
tejiéndome un cordel con tu peluca!

TROMPETAS DE ORO

(1918-1919)

Interior

Largo tiempo elogié las bocas frescas,
los dulces ojos, las risas paganas,
en rimas lindas y funambulescas,
con sabios ritmos y palabras vanas.

Sutiles versos de leyendas raras:
un musical tesoro de Aladino
todo ópalo, diamante y perlas claras;
mágico, melodioso y sibilino.

Eran sistros y flautas: los cortejos
de helénicas teorías turbadoras
seda, rosa y cristal en los espejos:
dan una viva danza de las Horas.

Astodelos y rosas: el motivo
griego de faunos y ninfas hurañas,
mientras el Dios de las patas de chivo
sopla el carrizo de las siete cañas.

Y eran Halia, Hecamede y las divinas
Aglae, Talía y Eufrosine blancos
cuerpos desnudos y ramas mirtinas
del vaso etrusco en los pulidos flancos.

Eran arpas y tiorbas: las celestes
liturgias y las místicas misiones
y el leve revolar de blancas vestes
del arcángel de las Anunciaciones.

Era en el Oriente: guzlas e incensarios
y las princesas de ojos de amatistas,
Belkis y Salomé: los dromedarios
y la cabeza trunca del Bautista.

Y luego eran la lira y el salterio:
Salmos y letanías inspiradas
cantando el eucarístico misterio:
del que vive en las hostias consagradas.

Y mi fútil canción el aire hendía
alondra griega o Ibis del Oriente
cual pétalo de un lirio de armonía...
pero mi corazón estaba ausente.

Mi corazón... En tanto que un divino
país de sueños iba mi galera
apagaba su canto cristalino
la voz de mi ficticia Primavera.

Pero una vez... Mi espíritu volvía
de algún Cipango o Cólquide lejanos:
iris de temblorosa pedrería
enjoyaban sus sienes y sus manos...

Y un ruiseñor cantó: su trino puro
sollozaba quién sabe en qué escondido

laberinto de mi alma hondo y seguro
era mi corazón... y estaba herido...

¿Qué arpa, qué voz de serafín halaga?
a esa voz en el aire suspendida
como un lento perfume que se exhala
del cáliz de una flor desconocida.

¡Oh, milagro! como una cuerda tensa
era mi pecho la emoción lo hacía
vibrar, lo mismo que una lira inmensa,
la más maravillosa sinfonía.

Fue el despertar de no sé qué ignorada
existencia en el fondo de mí mismo,
torné a mi propio enigma la mirada:
medí mi noche y comprendí mi abismo.

Y como quien es fuerte porque espera
el himno de oro y las vibrantes dianas
de la aurora triunfal lancé a la hoguera
las joyas falsas de mis rimas vanas.

Cabalgata heroica

Redoblad, redoblad, tambores.
Resonad, resonad, trompetas.
A vuestros redobles marciales, terribles tambores.
A vuestro clangor estridente, trompetas.
WALT WHITMAN

Huracán, resonad vuestras roncas trompetas.
¡Desnudad vuestras ígneas espadas, relámpago!
Vuestros bélicos parches redoblad, ¡oh, truenos!
¡Muchedumbre, elevad, vuestro acento oceánico!
Por los que vienen, con rumores de mar, a través de los siglos
las corazas fúlgidas, flameantes los vivos penachos,
con las agudas lanzas goteando chispas,
como agujas de acero que ensartaran astros.

¡Ellos!, los pilotos del destino de América;
los que la gigante epopeya forjaron
en sonoros bronces de heroísmos,
pasan, con su altiva corona de bélicos actos.
Y es como un gran mar que a otro mar se encamina,
y cuya presencia motiva los sublimes pánicos
y es como si Dios arrojara a la tierra
sus iracundos ángeles, sembradores de estragos.

¡A vuestras unánimes dianas, trompetas matinales;
clarines, a vuestro grito armonizado;
retiemble el plafond de la celeste bóveda,
como el rumor de una cabalgata de centauros!

Y las desnudas espadas flameantes;
y el carraspeo de los tambores, áspero;
y los rostros soberbios de sagrada cólera;
y los corceles parecidos a leopardos:
el heroico tumulto resonante y magnífico,
mirad, hombres tristes, meditabundos pálidos,
buceadores de infinito,
que auscultáis los interiores abismos,
presos de divino pasmo:
ved el regreso de águilas y cóndores
y vuestro sol de oro, americanos.

Que aviven sus alientos las moribundas lámparas
de vuestros corazones, de hastío colmados;
que su verbo de llama encienda,
en vuestros espíritus débiles, el fuego sacro;
y temple su forja nuestros sueños floridos
fortalezca su antiguo vigor nuestros miembros lasos;
cuando torne a través de los épicos siglos de lucha,
la heroica falange que revive los triunfos lejanos.

Una vez más sientan los Andes los pies de la raza
y sea de nuevo el ademán estupefacto,
el mudo asombro ante el prodigio,
conque vieron Pichincha y Chimborazo,
y los conductores del alma de América
del Piélago Sur al Atlántico.

Hombres mondonovistas: sonó la hora de dar un divino,
un sublime, formidable espectáculo,
al decrépito siglo podrido de malos ensueños
y a los ojos puros de los astros.

1918

Bolívar y el Tiempo

De «Mi delirio sobre el Chimborazo»

El huracán aullaba, como un mastín de caza,
a la noche invasora... La niebla era una gasa
velando el rostro puro del día, se dijera
que el hálito del viento apagaba la hoguera
del sol... La sombra inmensa de los montes crecía
como haciendo la noche... Cada cumbre fingía
una mano extendida para coger estrellas.
Alzaba sobre el mundo la más altiva de ellas
un pabellón de llamas. Viéndola, se diría,
que de aquella montaña fuera a salir el día.

El Chimborazo alzaba su cabeza de abuelo
entre todos. El viejo monte vecino al cielo
conocía la voz del Padre de las cosas.

El Alba filialmente encendía de rosas
su frente de patriarca. El sol era su hermano;
otro gigante lo era también: el Océano.
Su actitud al Titán rememora del Mito:
quizás pensó robar un astro al infinito
y la mano de Dios, frustrando la aventura,
lo inmoviliza a tiempo que escalaba la altura.

De súbito, un rumor, levísimo, tan leve
como el rumor de una hoja sobre el tapiz de nieve
de la montaña. Aquel rumor crecía lento.
El Silencio se hacía momento por momento
tan grande, que atendiendo a mil ocultos sones,
se hubiera oído el paso de las constelaciones.

Era de pies humanos aquel suave ruido,
el Chimborazo alzó la faz semidormida;
y vio un hombre parado enfrente del vacío
y el monte sintió algo como un escalofrío...

La túnica de ese hombre era de llama, cielo
y sangre. Lo envolvía como si, en vez de velo,
fuera de su propia carne. Su frente despedía
un fulgor parecido al del naciente día;
su mano era capaz de doblar al Destino;
le circundaba un halo de prestigio divino
como una emanación de sí. Cuando el sonido
de su voz rasgó el aire, se oyó como un rugido
armonioso y el Tiempo refrenó su carrera,
en la nevada cúspide, para mirar lo que era.

Y sobre la montaña, a la prodigio propensa,
se detuvo un instante la eternidad suspensa.
Nunca, desde el Tabor, se vio mayor grandeza
humillando de un monte la vetusta cabeza.

Y aquellos dos gigantes se hallaron frente a frente
los siglos como en una fugitiva corriente,
circundaban las sienes del viejo; su corona
eran los muertos días; en su mano temblona
llevaba una hoz por cetro...

¡Y la figura homérica
era Simón Bolívar, Libertador de América!

Mi ciudad

Aguas fuertes y óleos de la
ciudad de Santiago de Guayaquil

Se encuentra mi ciudad circundada de cerros
y sobre los cerros la corva luna brilla,
en los patios ululan tristemente los perros
al vagabundo espectro de la diosa amarilla.

Tienen sus calles reminiscencias provincianas,
infantil alegría sus casas de madera,
dulzura familiar sus sencillas mañanas;
y es siempre una mentira su fugaz primavera.

¡Oh!, ciudad de Santiago, ciudad pequeña y mía
que abrigas mi alegría y mi melancolía,
y el Universo lírico que dentro del pecho llevo.

Imagen de mi alma tantas veces vencida
que surges más bella cada vez más erguida,
con un ritmo más puro y con un ideal nuevo.

Himno de la mañana

Salve al divino Sol. La Tierra
es como una gran ánfora que encierra,
maravillas de fauna y flora;
y la estrella del alba chispea estremecida
sobre el corpiño de la Aurora,
como la última lágrima de la noche vencida...

En vuestros cubiles de mármol, ¡oh, hienas
humanas!, os nutrís de amarguras ajenas
y de extrañas colmenas
exprimís vuestras mieles;
y al vecino usurpáis la sangre de sus venas
pues, os siguen, sumisos, famélicos lebreles
de odios, violencias y rapiñas.

Y los últimos hijos de la Estirpe armoniosa,
los que en Pan fraternizan y la lengua gloriosa
traducen de las nueve hermanas,
oyen, indiferentes, morir en sus ventanas
el clamor de la triste humanidad leprosa.

El águila nórdica acecha
y el cruel Sagitario dispara su flecha
contra el invicto Cisne; y nosotros,

en vez de cazar tigres o domeñar potros,
regamos
llorando las líricas rosas;
y, en redes de seda, apresamos
leves mariposas.

La anunciación

Como arroja la nave su inútil cargamento
lancemos al olvido las diarias amarguras
y bañemos de auroras el corazón sediento,
encendido en las llamas de las estrellas puras.

Que las manos al son de sistros fraternales
en unanimidad de acordes melodías
esparzan las semillas de siembras eternales,
para la gran cosecha de los futuros días.

Y los verán los soles en albas venideras,
cuando las tiras domen chacales y panteras
y el mundo oiga la flauta de sátiro bicorne,

cuando anuncien los cisnes la gloria de la raza.
Y agitando sus tirsos, el viejo Pan retorne
como un monarca antiguo y que viene a la casa.

La hora

A los hornos del infierno, por distracción arroja.
Satanás forjador, los bestiales instintos dispersos en la tierra,
y surgen vacante poseída de una embriaguez roja de guerra.

Asorda las conciencias, su voz maestra de cinismo
y es como la palpitación de las entrañas,
de los subterráneos abismos
o el dialecto de Leviatanes y Montañas.

Pero la tierra madre palpita como la hembra
genitora que nutre, en su vientre fecundo,
un hombre nuevo... y estos son días de la siembra,
la roja siembra en el ovario del mundo.

Y de sangres, llantos y miserias nutrida;
en el fuego templada, como la llama pura;
de su infame pretérito, por siempre, redimida,
verá los siglos nuevos la gran raza futura.

La Aurora

Cantad la Aurora de mejillas tiernas, cantad a la Aurora
que eleva la custodia dorada
del sol, bajo la cúpula sonora;
a la luz, comparable a la sagrada
Anadyomena cuya aparición saluda
al coloso marino,
enarcando la espalda desnuda
en como espasmo felino.

El alba nace de luz perla
vestida y de rosados velos
y el mar se empina para verla
y, buenos días clama, de pie sobre los picachos sonoros,
cuando la Aurora, en el tapete de los cielos,
arroja el sol, como un As de Oro...
Venid los de cuerpos que son hogueras lujuriosas,
que el príncipe Luzbel atiza;
los que por falsas joyas han cambiado sus rosas
y los desheredados de la sonrisa;
y los enfermos de exquisitos males
y los que vendimiaron en las viñas impuras
de los Pecados Capitales:
escuchad, escuchad la celeste armonía
que vibra en las alturas

al paso del corcel luminoso del día...
que la antorcha solar aniquile las malas
sombras y que la aurora triunfadora
estirpe el cieno de las alas...
y sea con nosotros para siempre la Aurora.

Y que, sobre la lepra del alma redimida,
bata un ensueño puro las alas armoniosas,
y, a la sagrada sombra del árbol de la Vida,
la Esperanza florezca sus más fragantes rosas.

Ahora, ¿qué me cuentas tú?

1. Lee esta reflexión del máximo exponente del modernismo en la lengua castellana, Rubén Darío, en su libro *El canto errante* (1907); y opina:

   La poesía existirá mientras exista el problema de la vida y de la muerte. El don del arte es un don superior que permite entrar en lo desconocido de antes y en el ignorado de después, en el ambiente del ensueño o de la meditación. Hay una música ideal como hay una música verbal. No hay escuelas; hay poetas. El verdadero artista comprende todas las maneras y halla belleza bajo todas las formas. Toda la gloria y la eternidad están en nuestra conciencia.

2. Silva se abre a la poesía, en lo formal, bajo el influjo de Rubén Darío especialmente. Investiga acerca del modernismo en América Latina. ¿Por qué crees que esta corriente literaria fue tardía en nuestro país?

3. En las primeras décadas del siglo xx, se había instaurado en el país un grupo de poetas con características modernistas —aunque en su vida nunca lo implantaron formalmente—; se los denominó la «Generación Decapitada». Investiga qué personas formaron parte de este, y el porqué de su nombre.

4. Las formas métricas de los poemas de Silva son característicos de la corriente literaria que representa.

Analiza cualquier poema de esta selección según su métrica: rima, versos, estrofas, etc.

5. ¿Qué opinas de la obsesión a la muerte de Silva?

6. Investiga el aporte de Medardo Ángel Silva en la cultura popular ecuatoriana.

ÍNDICE

POESÍAS ESCOGIDAS (1914-1918)

TROMPETAS DE ORO (1918-1919)

TÍTULOS PUBLICADOS EN
ARIEL CLÁSICOS ECUATORIANOS

1. Las cruces sobre el agua – Joaquín Gallegos Lara
2. Cumandá – Juan León Mera
3. La emancipada – Miguel de Riofrio
4. Los Sangurimas – José de La Cuadra
5. La Tigra y Los monos enloquecidos – José de La Cuadra
6. Leyendas ecuatorianas – Compilación
7. A la Costa – Luis A. Martínez
8. Los que se van – Demetrio Aguilera Malta, Joaquín Gallegos Lara, Enrique Gil Gilbert
9. Novelitas ecuatorianas – Juan León Mera
10. Las catilinarias – Juan Montalvo
11. La victoria de Junín – José Joaquín de Olmedo
12. Elegía a la muerte de Atahualpa – Jacinto Collahuazo
13. Hoguera Bárbara – Alfredo Pareja Diezcanseco
14. Baldomera – Alfredo Pareja Diezcanseco
15. El árbol del bien y del mal – Medardo Ángel Silva
16. Poesías escogidas – José Joaquín de Olmedo
17. Mitos y leyendas ecuatorianas – Compilación
18. Obras escogidas – Pablo Palacio